De l'urgent, du presque rien et du rien du tout

DU MÊME AUTEUR
AU **CHERCHE MIDI**

Tous les océans du monde, 1997
La Bretagne vue de la mer, 2006
Ocean's Songs, 2009
Le monde comme il me parle, 2013
Promenades en bord de mer et étonnements heureux, 2016

Vous pouvez consulter notre catalogue général
et l'annonce de nos prochaines parutions sur notre site :
www.cherche-midi.com

30, place d'Italie
75013 Paris

Mis en pages par IGS-CP
Dépôt légal : novembre 2019
ISBN : 978-2-7491-4934-9

Olivier
de Kersauson

~

De l'urgent, du presque rien et du rien du tout

cherche
midi

La seule musique à laquelle je sois sensible
est la musique de la vie.

A

À côté

Souvent, je me perçois comme *à côté* du monde qui m'entoure. Et ce n'est pas tout à fait vrai.
Je ne dirais pas, à la cantonade : « Je ne suis pas de votre monde. » Je dirais plutôt : « Vous n'êtes pas du mien. »
Toute mon enfance, on m'a raconté des choses qui ne me concernaient pas.
Je n'ai pas de territoire psychique à défendre. J'ai ce que je peux, ce que j'aime, ce en quoi je crois. Et les autres ont ce qu'ils peuvent, ce qu'ils aiment, ce en quoi ils croient. Nous ne sommes en rien obligés de nous rejoindre.
Que l'on partage mes idées ou non ne m'est d'aucun réconfort. Tout cela me laisse de marbre. Ce n'est pas mon affaire.
La pensée étant éternelle, elle doit faire fi de l'air du temps.
Nous ne sommes jamais obligés de nous aligner. Voilà une loi.

Action

C'est dans l'action qu'on reconnaît un homme. Uniquement dans l'action.

Ailleurs

Il n'y a plus « d'ailleurs » aujourd'hui, il n'y a plus que des « ici ». L'ailleurs est devenu un « ici » dans lequel il y a déjà un autre.

Dans « l'ailleurs », il y avait jadis une capacité d'évasion. Aujourd'hui, on ne fait que changer de voisin et c'est tout. On ne part plus pour de grands espaces.

Le monde est partout – ce qui, d'une certaine façon, réjouit nos contemporains car l'idée qu'un endroit soit totalement vide les angoisse, ils prennent le trac.

Quand je suis allé dans les quarantièmes rugissants la première fois, il n'y avait personne. Aujourd'hui, il y a des pêcheurs, les bases accueillent des gens, les avions se posent…

L'évasion que propose le monde d'aujourd'hui, c'est un changement de cellule ! Terrible.

Les gens ne s'évadent plus, ils ne partent plus en voyage, ils vont en déplacement.

Partir en voyage, c'est ne pas savoir quand on revient. Or, ils partent tous le 18 en sachant qu'ils reviennent le 22 à 14 h 02. Partir en voyage, au sens où je l'entends, c'est accepter une part d'inconnu, une variable…

Il n'y a plus d'inconnu – sauf, peut-être, à aller se promener dans un pays en guerre demain matin.

Le monde entier est calibré, répertorié, *googlisé*... Il offre moins de rêve.
Mais enfin, quand même, il suffit de rentrer à Paris dans un musée et contempler une toile de Gauguin pour se remettre à rêver. Notre monde n'a pas encore réussi à éliminer toutes les mouvances de ses irrationnels. Et heureusement.
Quand on commence à être saisi par un tableau, on ne sait pas combien de temps va durer ce saisissement.
Un « ailleurs », c'est un monde dont on rêve. Un « ici », c'est un monde où il y a toujours quelqu'un pour vous expliquer qu'on est ici ! Avec une histoire.
C'est l'une des raisons pour lesquelles le pôle Sud me fascine car il n'y a pas un animal pour vous en expliquer l'histoire. Il n'y a eu là que de la vie mais personne n'a pu la noter, la *rapporter*. Pas de témoin capable de transmettre.

Alcool

Consommé par les hommes, il permet aux femmes de trouver l'amour vers trois heures du matin.

Ambition

Je n'ai jamais eu aucune ambition sauf celle qu'on ne m'ennuie pas. J'ai vécu dans une éducation contrainte, je suis passé d'internats divers en collèges et lycées divers, et, à cause ou bien grâce à ce parcours, j'ai vite compris – pour la suite –, que l'objectif *number one,* c'était que plus personne ne me parle sur un ton qui ne me convient pas. C'est un peu la réussite de ma vie : passé un certain âge, plus personne ne s'est adressé à moi sur un ton qui ne me convenait pas. J'ai tout mis en œuvre pour parvenir à ce résultat. Je n'ai plus jamais accepté de me faire menacer.

Amitié

Je suis quelqu'un d'exigeant. Selon moi, l'amitié fut toujours un plaisir et non un besoin. Jamais. J'assume d'être seul.

Il y a une parité dans l'amitié. Et un jugement de valeur. C'est *soupesé,* ça n'arrive pas comme ça, la reconnaissance de l'autre, de son talent.

Ce qui fait le prix de l'amitié, pour moi, c'est une chose indépendante de la couleur, de la religion, etc. C'est justement quand on va percer à jour, chez l'autre, un sens de l'éthique qui est partageable.

L'amitié, c'est une affaire d'éthique.

Nous sommes essentiellement définissables par notre sens de l'éthique. Ce qui compte, ce sont les choix que nous faisons sur l'amour, la grâce et la vertu – lesquels nous définissent en profondeur. C'est là que *ça se passe,* si j'ose dire. Et quand ça se passe là, en amitié, alors ça peut le faire et ça le fait !

Tabarly n'était pas un ami mais un patron. On n'est pas ami avec les gens qui vont sont supérieurs puisqu'il n'y a pas parité.

Amour

C'est un sentiment qui m'est un peu accessible – je n'en étais pas certain au départ. Dans mon cerveau qui est totalement impuissant pour imaginer l'infini, certains aspects de l'amour me permettent d'approcher ce que je pourrais considérer comme de l'absolu.
D'ailleurs, est-ce de l'absolu ou la décision de l'absolu, ça reste à voir ?
L'amour peut, par moments, ressembler à cet éblouissement de l'absolu. Je me retrouve alors dans un périple émotionnel unique et plein, où il ne manque rien.
Mais je ne suis pas un expert.
Je ne crois pas que ma morphologie mentale ait été capable d'aborder toutes les nuances, les phases de l'amour tel que ce sentiment est décrit par exemple dans la littérature : la souffrance, l'abandon… J'ai pu être peiné lorsque des femmes m'ont quitté, mais très vite je n'ai pas pu leur donner tort. À leur place, je me serais *barré* depuis longtemps.
Bref, je remercie le ciel tous les jours de partager avec ceux que j'aime la magie de l'autre. C'est délicieux.
J'ai toujours considéré que l'amour était un plus. J'aime suffisamment la solitude pour être un voyageur enthousiaste des choses de l'amour puisque je n'en suis pas dépendant. Mon bonheur n'en est pas dépendant. L'amour, c'est une promenade enchantée, *très promenade et très enchantée*.
C'est une grâce.
Les choses de l'amour, d'après ce que j'ai compris, m'amènent dans une série de moments où l'ensemble de

la peinture qui se trouve autour de moi est éclairée d'une nouvelle lumière.
Dans l'amour, ce qui me touche, je suis bien incapable de le formuler. Je crois que c'est d'ailleurs *informulable*.
Il y a tout l'amour que l'on n'a pas et ce qu'on a de l'amour. Ce que j'en ai me comble mais je ne suis peut-être pas, sur ce point, exigeant. Si ça se trouve, c'est juste ce dont j'ai besoin.
Comme tout ce qui est magnifique, il ne peut y avoir dans l'amour ni possession ni jalousie pour la simple et bonne raison que nous parlons là de moments que la vie nous prête. Comme un lever de soleil.
L'amour, c'est un moment où l'extraordinaire perdure. Et puis il y a cette capacité mystérieuse – c'est-à-dire non élucidée chez moi en tout cas –, de l'éblouissement que l'autre procure. Je suis sans doute un idiot complet mais qu'est-ce que ça peut faire ?
L'amour, c'est une chance ÉNORME.

Analphabète

Individu définitivement épargné de la lecture de Jean-Paul Sartre.

Analyse

J'ai une analyse assez pointue des risques pour décider de les prendre.

Appartenance

J'ai toujours tenu en suspicion les sentiments d'appartenance à un groupe, une caste…
J'ai senti – constaté – profondément les méfaits de l'appartenance plutôt que ses bienfaits.
Les méfaits recouvrent automatiquement la reconnaissance du groupe, du cercle et, par conséquent, l'exclusion de ceux qui n'y appartiennent pas.
La reconnaissance systématique d'appartenance à une caste est une privation d'enrichissement par la qualité de la caste voisine. C'est idiot en somme.
Je trouve éminemment suspect les emballements collectifs.

Après-guerre

Dans l'après-guerre, en Bretagne et plus largement dans l'ouest de la France, les valeurs n'étaient pas dénaturées. Du moins, voilà ce que j'en ai perçu.
Je me souviens de ceux que ma famille appelait les BOF, les beurre-œufs-fromage. Il s'agissait des nouveaux riches de cette période, acteurs du marché noir et qui avaient planqué de l'argent dans les lessiveuses. Dans les années 1950-1952, quand un individu se promenait au volant d'une voiture flambant neuve, il était aussitôt désigné comme BOF.
C'était un autre monde, cette période, si on la compare à celui d'aujourd'hui. Il y a une vraie césure.

Quand je prenais le train, en troisième classe, lorsque j'avais dix ans – avec une carte de réduction famille nombreuse à 75 % –, à l'heure dite du « casse-croûte », les gens assis face à moi, s'ils constataient que je n'avais pas à manger, me proposaient aussitôt et spontanément de partager leur repas.
Dans cet après-guerre dont je suis issu, il n'était pas poli de manger devant quelqu'un qui n'avait rien.
On partageait.
À cinq ou six ans, je demande à mon père : « Qu'est-ce que ça veut dire SNCF ? » Il me répond, avec le ton emphatique et grave, respectueux que l'on emploie pour dire « Marine nationale » ou « Gendarmerie nationale » : « Société nationale des chemins de fer français. » À ce moment-là, dans l'image de la France, c'est beaucoup plus que Concorde plus tard. C'est LE chemin de fer NATIONAL qui va partout, dont beaucoup d'employés furent résistants. Dans les gares sont affichés les noms des fusillés. La SNCF est intouchable et pleine d'honneur !
Petit, je me souviens de l'arrivée de la locomotive à vapeur. Les roues font un mètre trente de rayon, elles sont plus hautes que moi.
Dans le journal *Ouest-France*, à l'occasion de la retraite d'un conducteur et pour son dernier train, figurait la photo dudit conducteur et de sa locomotive avec des rubans.
Personne, alors, n'aurait osé dégrader un wagon. La SNCF était NATIONALE, elle représentait donc le bien commun. Attention !

Le mot « national » représentait, jusqu'à une certaine époque, le bien commun. Aujourd'hui, il signifie : le bien qui n'appartient à personne ! C'est une énorme bascule.

La France que j'ai connue n'avait pas d'autoroute. Alors, le chemin de fer...

Quand je partais du collège depuis la Sarthe pour revenir en Bretagne, il était magique de prendre le train puis d'apercevoir la mer à partir de Saint-Brieuc.

Autre sujet mais toujours sur la même période : j'ai vu, à la maison, un mec arriver et empoigner une chèvre, lui casser le crâne à la masse, la pendre par les pieds et la vider. On la retrouvait dans notre assiette. Chez ma grand-mère, on tuait les chèvres pour manger.

Les paysans, pour se protéger de la pluie, portaient encore des peaux de bouc. C'était hyper impressionnant quand j'étais enfant. Ils faisaient peur.

Dans cet après-guerre et jusqu'à mes vingt ans, personne ne pouvait faire de la politique s'il n'avait été résistant. Il n'y a pas une affiche électorale qui ne fasse état du passé de résistant du candidat – quelle que soit l'élection. C'est à partir de Pompidou que tout change. Bref, les affiches dont je parle étaient en noir et blanc. La première qu'il nous est donné de voir en couleur, c'est pour la campagne Elf, « Les ronds rouges arrivent » !

Rien n'était en couleurs quand j'étais petit : ni la télé, ni les photos...

Dans l'après-guerre, tout le monde cherchait à reconstruire ce qui existait avant guerre, ce qu'il avait connu. Foin du modernisme dans un premier temps. On veut reconstruire

ce qui était bien. Ensuite, on s'échappe vers ce qui peut être mieux.
J'ai souvenir des villes avec les immeubles éventrés et qui laissent apparaître les horribles papiers peints des salles de bains. Ah, ces morceaux d'immeubles ouverts à Brest, Nantes...
Je revois aussi les prisonniers de guerre dans les rues en train de travailler dans les tranchées. Je demandais alors à ma mère de quoi il retournait et elle me renseignait sur ces Allemands qui réparaient la voirie.
Tiens, quand je suis arrivé jeune en Polynésie pour la première fois à vingt-trois ans, j'ai retrouvé ce monde archaïque – on dirait aujourd'hui arriéré. C'était perceptible aussi dans le vocabulaire. Ma mère, quand elle était fatiguée, disait: « Je suis kaput » – terme hérité des Allemands. Ce mot a toujours cours aujourd'hui à Papeete. Les hommes qui sont revenus après avoir fait la guerre de 1940 sont rentrés avec ce mot et il est resté. Fascinant!
Retour en France: jusqu'en 1958, 1960, le pays est tenu par les résistants. Mon oncle, qui est le patron des résistants du Morbihan, le général de Kersauson, reçoit chez lui Kessel. Ces gens-là tiennent la France, ce sont les *boss*. Il n'y avait pas un préfet qui n'ait été résistant.
J'ai vécu dans une société dont les valeurs furent héritées de la guerre de 1940.
Dans les écoles libres et les collèges, nous défilions dans la rue au pas, comme sous Pétain, précédés par des musiciens. Et la foule applaudissait.
C'était le *baby-boom*: nous étions quarante-deux ou quarante-trois par classe. Quand on sort de là, nous

savons tous lire. Maintenant, les élèves sont vingt-quatre par classe et les professeurs ont souvent la migraine !

Comme il s'agissait d'économiser nos vêtements – qui se faisaient rares à l'époque –, nous portions des blouses... grises.

Au collège – à l'internat –, c'était « la guerre des boutons ». Nous étions obligés d'avoir un trousseau composé d'un béret, d'une paire de pantoufles, etc. Le dortoir est un long tunnel de quarante mètres avec un poêle et nous sommes une centaine à dormir là. Le matin, en hiver, il y a du givre sur les fenêtres, un tuyau d'eau avec des trous pour une toilette sommaire au-dessus de grandes « mangeoires ». Six heures trente, debout ! Un surveillant tape dans ses mains et crie : « *Benedicamus Domino.* » Et nous devions répondre : « *Deo gratias.* » La journée, invariablement, débutait ainsi.

Très peu de gens disposaient d'un véhicule. Chez ma grand-mère, près de Morlaix, à l'oreille, je savais qui arrivait en voiture depuis la route à huit cents mètres de la maison. Je savais qui du médecin, qui de ma tante venait nous rendre visite.

J'ai en tête plein de souvenirs de labour avec les chevaux (deux ou quatre chevaux en ligne). Le premier tracteur arrive quand j'ai dix ans.

Que nous reste-t-il, aujourd'hui, de ce monde de l'après-guerre ? Rien. La guerre avait donné, pour un court instant, un monde vraiment *social*. Je veux dire un monde où le *social* avait vraiment de l'importance.

Avec le collège, je me revois aux 24 heures du Mans, au bord de la piste, en train de voir courir la 4 CV Renault.

Elle fut construite par les travailleurs de la RNUR (Régie nationale des usines Renault).
Le lien social, aujourd'hui, n'est plus le même. En 1950, c'est le lien des camarades socialo-communistes. Ce « lien des camarades » est certes une imposture mais il porte aussi son poids d'authenticité. Ce lien, il est à deux faces.
Ce mot de « camarade » recouvrait une vraie réalité.
C'était aussi l'époque d'un monde binaire. On est Peugeot ou Renault, communiste ou anticommuniste (fasciste), catholique ou anticlérical... La société se partage équitablement en deux clans – aujourd'hui, les clans sont multiples et cette société est bien faussement tribale.
Ce monde de l'après-guerre qui n'était autre que le prolongement essoufflé de la guerre de 1940 va disparaître avec l'arrivée au pouvoir du général de Gaulle.
En 1958-1960, c'est l'explosion du nombre de promoteurs immobiliers. Personne ne connaissait ce métier. On construisait des appartements à tout-va... Quelques années plus tard, IBM arrivait – les ordinateurs faisaient la taille de deux pièces.
Ce monde avait tourné.

Aquarium

Lieu humide d'où les poissons nous regardent.

Arbre

Quand les arbres regardent leur montre, ils doivent penser souvent que la saison est en retard pour leur fournir des feuilles.

Archaïque

C'est la seule partie intéressante de l'homme. C'est notre cerveau reptilien qui a fait que nous sommes devenus ce que nous sommes et qui nous a permis de dominer les autres espèces. Ce n'est pas notre masturbation d'héritiers du Minitel !
Notre cerveau reptilien a su nous sortir de la primarité la plus forte : c'est lui qui nous fait survivre.
La part archaïque de l'homme est la plus captivante. Notre autre cerveau (celui qui n'est pas reptilien) se demande sans cesse : « Qui suis-je ? » « Où vais-je ? »... Toutes ces questions sont sans réponse. Inutile d'y consacrer une seconde. Alors que : « Qu'est-ce que je vais manger ? » offre un choix. Je préfère le choix à la question. En d'autres termes, je me plais à limiter les questions. C'est ainsi que je fonctionne. Et je n'engage personne à en faire autant.

Ardoise

Protège les bâtiments de la pluie mais pas les endettés de la honte.

Argent

Je n'ai pas trouvé ça intéressant dans ma vie. C'est un pouvoir assez vulgaire. Il m'a été donné de rencontrer peu de gens intéressés par l'argent et qui soient eux-mêmes intéressants.
D'un autre côté, je retiens cette formule que Philippe Bouvard m'avait un jour glissée dans l'oreille : « Ne méprise pas l'argent sans quoi un jour il te le rendra. » Et c'est très vrai. Dans notre société, le fait d'avoir un peu d'argent met à l'abri d'un certain nombre de choses sordides. Mais il demeure que ça ne peut pas être une finalité.
C'est comme l'oxygène, mieux vaut en avoir un peu trop que pas assez.
Quand j'étais petit, j'avais été parfois – pas longtemps – humilié par la modestie de mes moyens.
Un jour, jeune homme, quand je travaillais pour les Blanchisseries de Boulogne – je livrais du linge –, j'étais accompagné d'un collègue et nous sommes passés, avec notre camionnette, près de l'Hôpital américain où Onassis était en train de mourir ; je l'apprenais à la radio de l'estafette. Là, je me suis dit : « À trois cents mètres de moi vient de mourir un homme qui ne peut pas s'acheter ce que j'ai : le temps. » Il m'est apparu lumineusement que le vrai argent, c'est le temps.
L'argent, on peut toujours en trouver mais le temps on ne peut pas en fabriquer. Donc, la véritable valeur, c'est le temps.
D'année en année, j'ai été conforté dans cette idée. Je me souviens, par exemple, de Paul Guimard – l'auteur

des *Choses de la vie* – me disant : « Olivier, il ne faut pas payer mille cinq cents francs le billet de mille. » Or, je vois beaucoup de mes contemporains sacrifier bien des choses importantes pour des acquis que je considère dérisoires. Je les vois aussi trahir milles choses pour s'acheter une voiture neuve !

Arrivée

Après des semaines en solitaire, il est difficile de parler à quelqu'un. Personne de moins bavard qu'un marin à l'arrivée d'une course en solitude.

Ascenseur

Système auquel les hommes trouvent plus de plaisir à l'utilisation qu'au renvoi.

Attachement

Je ne sais pas bien, on l'a vu, ce que c'est que l'amour. Mais l'exacerbation de l'intérêt ou de l'attachement pour l'autre peut être assez merveilleuse.
Il y a attachement dès lors qu'il y a reconnaissance. Le lien n'est pas insultant.

Aventure

Le mot est tellement galvaudé que je n'ose même plus le prononcer. Celui qui part faire une promenade en VTT a le sentiment aujourd'hui de « partir à l'aventure ». C'est dire ! Selon moi, l'aventure doit comporter un risque physique, elle est à ce prix. Sans quoi, elle ne peut porter le nom d'aventure. Aujourd'hui, oui, il est aventureux de traverser l'Afrique en voiture, d'aller dans le Grand Sud avec un bateau sans météo – sans données météorologiques.
Autrement formulé, c'est parce qu'il y a risque physique qu'il y a aventure, sans quoi elle est vaine, non avenue.
Durant les premiers tours du monde effectués avec Tabarly, nous n'avions pas de données, personne n'était passé là depuis l'ouverture du canal de Panama, aucune donnée depuis 1914. Quand nous naviguions sur ces mers en 1971, 1973, cela faisait soixante ans que personne n'avait exploré ces chemins. Nos seuls repères étaient les livres de bord des capitaines cap-horniers. Et c'est tout. Là, pour le coup, c'était aventureux. Les données météo n'existaient pas. Nous avions la climatologie, pas la météorologie. On savait que certains navires avaient tenté de passer le cap Horn un mois de suite en tirant des bords et, en désespoir de cause, étaient repartis vent arrière pour l'Australie. On savait encore qu'il y avait eu grand nombre de naufragés dans ces zones. Pour le reste, rien ou si peu.
Le risque physique est intéressant car il est vraiment capable de surprendre. Si on va photographier des hippopotames, seul, sur les rives d'une rivière africaine, c'est vraiment aventureux car, si ça se fâche, c'est l'animal qui

tue le plus. Si l'aventure, c'est rater son train de 18 heures pour rentrer en stop, c'est rien.
Devient aventure tout ce qui n'est pas dans la norme régulée.
L'aventure, ce fut du sur-mesure pour mon cerveau.

Aube

J'aime me lever tôt parce qu'alors, en regardant bien le lever de soleil, je sais ce que sera la journée météorologique. Dans l'heure du lever, comme dans celle du coucher d'ailleurs, mille indices renseignent sur ce qui va advenir. Le lever de soleil me permet de penser la qualité de la journée. Le lever de soleil, c'est une journée qui commence, c'est l'espoir, la fin de la nuit. Moment extraordinaire avec tout ce que ça représente de choses à faire, à comprendre, à vivre.
J'aime l'aube, même à terre. Quand on se promène dans une ville à l'aube, on voit, la nuit, on est vu. À l'aube, il n'y a que les éboueurs et soi. On peut marcher au milieu des rues. Tiens, c'est là qu'on peut remarquer, à Paris, que depuis le milieu de la rue François-Ier (en haut), on aperçoit les tours de Saint-Sulpice.
Je suis hyper sensible aux traces de l'aube.

B

Bachelier

Individu qui termine ses dix-huit ans de préparation au chômage.

Bagarre

En Bretagne, jadis, il y avait des bagarres de bistrot assez marrantes. C'était du rugby sans arbitre.

Balle

Les enfants de la balle sont rarement nés d'une cartouche !

Banquier

Individu dont il faut se cacher vu qu'il vous appelle dès lors que vous êtes à découvert.

Barbare

Je le fus par goût, *biologiquement*.
Un barbare est un individu qui décide de s'offrir la vie avec le goût de la simplicité : c'est beaucoup plus facile de casser la tête du vendeur que de lui demander le prix de l'article que l'on convoite ! Quel temps gagné ! Sauf que ce n'est pas moralement acceptable.
La barbarie, c'est l'immédiateté sans le prix des conséquences.

Barbe

Système pileux qui permet de se souvenir le soir de ce qu'on a mangé à midi.

Bateau

Les premiers bateaux vus, dans mon enfance, étaient des bateaux de pêche échoués parce qu'ils avaient terminé leur carrière – les seuls que je pouvais approcher. J'ai souvenir, à quatre ou cinq ans, de belles lignes. Ils étaient joufflus, ventrus, gonflés, penchés avec leur mât dans des endroits un peu déserts comme dans les entrées de rivière à Lorient – enfin des rivières qui sont en réalité des rias.
Ils constituaient, ces bateaux, la parfaite idée que je pouvais avoir enfant d'un engin capable de m'emmener à la frontière de ce qui me paraissait merveilleux. J'imaginais

volontiers que c'est par cette porte-là que je pourrais, dans le futur, accéder au *magnifique*.
Plus tard, beaucoup plus tard, j'ai des souvenirs d'appareillages. Les embarcations que je voyais s'éloigner, c'était, tout à la fois, l'excellence et la grâce. Une série de démonstrations, en somme.
Quand j'étais à la sortie d'un port et que je voyais rentrer les navires, j'avais le sentiment net et fort d'assister à un défilé de mannequins. Certes, il y en a de plus ou moins beaux, mais le spectacle était là. Certains étaient le symbole d'une élégance, ils représentaient une forme de puissance.

Bienveillant

Quand j'ai enterré ma mère, j'ai su que plus personne ne porterait plus sur moi un regard bienveillant.
Le regard que les parents, les géniteurs portent sur les enfants est biologiquement bienveillant. Ils veillent bien sur la croissance, les premières dents, la rougeole et autres saloperies. C'est cette réelle bienveillance que les femmes *construisent* d'année en année avec l'énorme habileté de ce qu'est la magie de la maternité. Il y a donc quelqu'un, la mère, qui toute votre vie va s'inquiéter au sens large du terme du fait que sa progéniture a maigri ou qu'elle tousse. Sur le coup, on ne le voit pas et ça nous semble normal mais dès lors que l'on vieillit, on se dit : « C'est quand même formidable qu'on ait pris soin de moi de cette façon. »
Les animaux sont ainsi. Il suffit de regarder une hirondelle dans la journée : entre le moment où elle est en l'air et celui

où elle retourne au lit nourrir les petits, elle *charbonne*, il y a du travail. Elle s'use à donner la becquée, elle est bienveillante. C'est l'espèce qui veut ça. Et c'est un des beaux moments de l'espèce, ce moment de la nature où s'organise la possibilité de la croissance de l'autre par celui qui veille bien sur vous.
Il n'y a que ma mère pour avoir ce regard sur moi car elle seule m'a mis au monde.
Ce sont les mères qui s'occupent des enfants, qui se fadent tous les problèmes des moutards. Demain, peut-être que les hommes passeront leur vie avec une poussette et un thermomètre... Mais dans le monde que j'ai connu, ce sont les femmes qui prenaient soin des enfants.
À la vérité et selon moi, ce regard bienveillant appartient aux femmes.

Boîte de nuit

Bateau immobile qui voyage dans la nuit.

Bonheur

On vit mieux lorsque l'on pense que rien n'est éternel, que tout est fragile. Si j'ai bien vécu, c'est grâce, sans doute, à cette conscience que tout peut se perdre, disparaître à jamais. À partir de ce constat, chaque minute prend une vraie densité. Sinon, on est pris entre nos aspirations immédiates – pas particulièrement passionnantes – et nos habitudes. L'habitude, c'est quand on ferme les yeux. Quand on ne s'étonne plus d'être vivant, à quoi bon vivre ? Je n'aime pas l'expression « bonheur simple ». Rien n'est simple. Tout ce qui fait de chacun, à un moment donné, un individu content est formidable.

À partir du moment où j'ai à manger et que là où je dors il ne pleut pas, je considère que c'est le début du bonheur. Et, partant, il n'y a rien de grave, sauf la mort des gens que nous aimons.

Bretagne

Je suis très breton. Il faut s'imaginer ce qu'était la vie dans ce pays en 1950. La magie absolue. La campagne, le bord de la mer, les lignes de fond sur la plage – quand il y avait quelqu'un d'autre – un étranger, par définition –, nous nous demandions de qui il s'agissait. Il était forcément considéré comme un intrus. Et puis toute cette nature : les hirondelles sur les fils, le roucoulement des pigeons, l'épervier au-dessus du champ qui fait le Saint-Esprit. Cette vie de campagne et de bord de mer m'a marqué définitivement. Avec mes frères et sœurs, j'allais à la pêche au lançon la nuit. Moments inoubliables et enchanteurs. Oh, cette vie tissée de nature. On me faisait croire, à cinq ou six ans, qu'il y avait un trésor au pied de l'arc-en-ciel : j'en ai fait des kilomètres avec ma pelle. J'étais le couillon qui battait la campagne.

Et les lumières d'orage avec la mer dans le fond. J'étais sans cesse entre le réel, la nature, sa beauté, ses codes et les contes et légendes. Éblouissements garantis.

Bruit (en mer)

Le bruit sur la coque donne une idée assez précise de la vitesse du bateau pour qui a de *l'oreille*. Quand il fait nuit, en mer, les oreilles sont des yeux, transfert d'organes. C'est à l'oreille que l'on sait tout ce qui se passe.
Un bateau, c'est une caisse de résonance. Le bruit de l'écoulement de l'eau sur la coque donne la vitesse.
Parfois, le silence s'installe. C'est le signal de l'immobilité totale. Quand il y a du calme, il faut sortir de là.

But

Choisissez bien !

Buzz

Notre monde change à la vitesse grand V. Il se construit actuellement sur l'immédiateté de l'émotion. Il se construit sur des réactions instantanées. D'où le goût pour le buzz, le tweet. On réagit sur le vif à tout ce qui se passe sans en analyser ni en percevoir la portée, la magie... Que sais-je ?

On ne se pose jamais la question de savoir comment les événements que nous traversons nous construisent. On ne se demande pas quels impacts ils peuvent avoir sur nous tant nous sommes occupés, sans recul, à faire état, dans l'instant, de nos émotions.
J'ai l'impression que ce qui est important aujourd'hui, c'est de lever le doigt le premier, qu'importe ce qu'on a à dire.
C'est la réflexion qu'on émousse.
Nous sommes primaires quant à nos réactions.

C

Caillou

Les diamants sont des cailloux, la Nouvelle-Calédonie est un caillou ; genoux, joujoux, hiboux prennent aussi un *x* au pluriel.

Calvados

Département le plus bourré de France.

Carafe (Rester en)

Expression qui a pris de la bouteille.

Caravane

Système motorisé ou hippomobile qui sert essentiellement à faire aboyer les chiens.

Cartésien – Cartésienne

Aucun des événements importants de notre vie n'est, de façon cartésienne, analysable. L'émotion est, quand même, notre grand moteur et elle n'est absolument pas cartésienne.
Les choses capitales de la vie ne sont pas cartésiennes. On ne peut pas les penser. On peut les souhaiter mais non les penser ! Je le répète, je ne parle ici que des choses importantes. Car, à un moment donné, il faut opérer des tris dans son existence. Si on ne fait pas le tri entre une histoire d'amour et le tiroir dans lequel on range ses chaussettes, on aura certes des chaussettes bien rangées mais des histoires d'amour pas terribles.
Comme on sait que ce qui est important n'est pas cartésien, on se doit à un certain *lâcher-prise*. On perd le pouvoir de décision.
Il y a donc des moments où, d'une certaine façon, on doit vivre l'humiliation de sa faiblesse. Il faut accepter que parfois, on ne voit rien, on ne sent rien, on n'anticipe rien. Raison de plus pour agir dès que la sensation est revenue.

Casquette

Petit chapeau avec une visière qui permet très vite de ressembler aux autres imbéciles.

Catholique

Morale, vertu... Ces notions ne me sont pas étrangères, loin s'en faut. Je suis un bon catholique. C'est la religion des gens qui m'ont mis au monde et que j'ai aimés. Alors j'ai du mal à la passer par la fenêtre. Quand je vais sur la tombe de mon père, de ma mère, de mon frère ou de ma première femme, c'est une croix qu'il y a. C'est ce monde-là. Je les ai vus être enterrés dans leur religion qui est aussi la mienne car nous avons partagé trop de choses pour que je puisse être indifférent.

Culturellement et *biologiquement*, j'ai un héritage catholique monstrueux. Je suis né dans une famille bretonne catholique depuis que le catholicisme existe. À tort ou à raison, pour moi, la transmission du monde s'est faite sous un éclairage catholique.

Ma culture religieuse ne dépasse pas la religion qui me fut enseignée. Ce qui m'en reste me convient assez. L'existence de Dieu telle qu'elle est enseignée chez les catholiques me plaît : j'aime avoir quelqu'un à remercier lorsque tout va bien, je trouve que c'est cohérent.

Il me plaît, intellectuellement, d'avoir au-dessus de ce monde, aussi imparfait soit-il, une sorte de grand architecte avec lequel j'ai des rapports distants mais à qui j'ai souvent envie de dire merci pour la magie de la vie.

En revanche, je n'ai rien d'un apôtre, je n'irais pas faire de prosélytisme, mes certitudes ne sont pas suffisamment ancrées. Ni un apôtre, ni un évangéliste. Ni l'un, ni l'autre. Mais j'ai suffisamment de certitudes pour ne pas être un renégat et encore moins un apostat.

Quand j'entends le coq chanter en Polynésie le matin, j'entends presque malgré moi la parole du Christ : « Avant que le coq chante, tu me renieras trois fois. » Je suis plein de cette culture, des saints arrivés en Bretagne dans des bateaux de pierre. J'ai vécu dans cette religion et je n'ai pas trouvé de raisons de la chasser.

Mes valeurs m'aident – d'autant que je suis armé comme un nuisible, j'avais jadis une vraie force physique. J'ai des réserves de méchanceté quasi inépuisables. Étant très observateur, je pourrais être odieux. Mais, par religion si l'on veut, j'évite de l'être. Parfois je suis débordé.

Je prie plusieurs fois par jour. J'adore le rite, c'est un *concentrateur* d'énergie.

Dans la prière, tout à coup, je laisse parler mon âme, ce qu'il y a en moi de subtil, de non descriptible et de puissant. J'aime prier dans la reconnaissance et l'éblouissement.

Je trouve, par exemple, que les musulmans ont raison de prier cinq fois par jour. C'est cinq fois par jour où ils se retirent du monde qui les entoure pour se reporter sur l'existence de l'âme. Il n'y a rien de vulgaire ici, au contraire, c'est formidable. Je suis pour ces moments où vont disparaître ensemble la compréhension et le jugement pour donner la part belle à l'émotion, à l'intuition et aux rêves.

Quand j'attends à un passage clouté, certes, je peux compter les voitures qui passent mais je préfère tenter de m'élever l'esprit en pensant que je suis en train de vivre un moment du monde et qu'il me faut être attentif car ce moment peut receler des grâces insoupçonnées qu'il serait intelligent de percevoir. L'éveil, la conscience... Tout ça m'intéresse.

Catin

Moule de trottoir.

Cendrillon

Récipient servant à écraser de petits mégots.

Cerveau

Plus souvent absent qu'on ne croit.

Champignon

Pousse sous terre et entre les doigts de pied.

Chance

On ne fait rien sans un peu de chance. Ce n'est pas elle qui fait les choses mais s'il n'y en a pas un peu, rien ne se fait. Il faut aller la chercher – c'est d'ailleurs l'argument fleuve de la Française des jeux. La chance participe d'un certain effort. La poudre de perlimpinpin est nécessaire. Pas suffisante mais nécessaire.
La chance, c'est le moment heureux du hasard. Les gens appellent « hasard » ce que je nomme destin, prédestination.

Charme

C'est ce qui transcende les canons de la beauté et de l'intelligence pour que brutalement sorte de là un mélange dont l'analyse n'est pas spontanée ni rapide mais dont l'effet est réel et immédiat. C'est un passage, un sillage moral et intellectuel. D'où la capacité de celui ou celle qui en est doté de susciter la curiosité et la séduction.
Quand il n'y a pas de beauté, il n'y a pas de charme. Le vrai charme, c'est la beauté – ou alors c'est du charme de seconde catégorie.

Le vrai charme est à la limite de la séduction et de l'envoûtement.

Cinéma

J'aime bien regarder des films mais je peux m'en passer complètement.
Comme je suis insomniaque, je vois plein de films. Des navets souvent. Et je trouve moins fatigant de visionner un navet que de sélectionner une œuvre conséquente. D'où ma paresse légendaire. C'est épuisant de jouer avec sa télécommande pour tenter de trouver un film qui vous accroche.
Je suis un sensorio-paresseux, ça me plaît ou non !

Civilisation

Notre civilisation est passée de l'âge de pierre à celui du *botox*.

Communautarisme

Chacun peut se précipiter dans ce que la communauté a de restreint. C'est hallucinant car nous avons chaque jour la preuve de l'immensité et de la variété de ce monde. Voilà bien une aberration intellectuelle totale.

Compassion

C'est un mot qui n'est pas assez usité.
La compassion est rarement proposée intellectuellement ou philosophiquement sauf dans certaines parties de la religion catholique.
C'est certainement une des capacités de raisonnement dont l'homme a le plus à prendre – et à apprendre.
Le regard que nous portons sur le monde doit être *compassionnel* – du moins, il devrait l'être.
La compassion, c'est un projet de l'homme.

Tiens, un exemple : l'ambition sociale qui fait que, quelle que soit sa situation (au chômage, endetté jusqu'aux oreilles...), on va venir vous chercher en hélicoptère si vous avez un accident sur l'autoroute et tenter de vous sauver

est formidable. C'est la compassion étendue à un système social. On a décrété que la santé était le premier des biens. Et c'est le premier.
Cette société française qui a décidé que la santé était le premier des biens est d'une intelligence rare.
On a placé l'homme à un certain niveau.

Compatibilité

C'est l'éthique qui fait que les individus sont compatibles ou non. Ni la religion, ni la couleur de peau, ni rien d'autre.

Compromis

Expression triviale pour parler d'une fiancée.

Confiance

Je n'ai jamais eu confiance en personne. Je ne me suis jamais engagé psychologiquement à croire en l'autre. C'est net. Ce n'est pas que je tenais l'autre en suspicion, mais je n'ai jamais joué sur sa confiance. Pour autant, je n'ai pas de mépris.
Je n'ai, en vérité, compté que sur ma capacité à acquérir de la confiance en moi. C'est une construction qui n'est pas automatiquement simple.

La confiance en soi, c'est un peu comme la mer qui apporte des choses sur la plage. Ce qui crée la confiance en soi dans la vie, c'est ce que chaque vague amène. Au bout d'un certain temps, on est entièrement construit tellement les vagues apportent d'éléments — les vagues émotionnelles... Ce n'est pas un raisonnement, on subit des vagues intellectuelles, émotionnelles, culturelles qui vont déposer en soi des sédiments. C'est fort, unique, puissant.

Confort

Dans le confort, il y a une forme de vulgarité. Les gens qui se vantent d'avoir « leur petit confort » m'ont toujours mis mal à l'aise, comme une mauvaise odeur.

Cons – Connes

Il y a autant de connes que de cons : encore qu'il y ait des jours où je me demande s'il n'y a pas les soldes !

Constitution

On a inscrit dans la Constitution le principe de précaution. Voilà qui est d'une obscénité monstrueuse.

Contemplatif

Je suis un contemplatif. *A sort of*... Et il est aimable de rajouter « platif » ! Je peux m'installer devant un paysage.
J'ai assez peu choisi dans ma vie, je me suis souvent contenté *de*... mais j'ai une énorme aptitude à apprécier. Il y a beaucoup de choses « moyennes » qui ont eu la capacité de me rendre heureux.
De même que tous les grands romantiques ont une aspiration au malheur et à la dégringolade, j'ai une vraie aspiration au bonheur mais dans la solitude – pas dans le collectif.
Je peux facilement *m'esbaudir* de ce que je perçois : une odeur, un visage...
Je ne veux pas qu'on m'organise des plaisirs. Je m'en charge.
Quand je mange, je n'ai pas besoin d'un orchestre à côté de moi.

Continent

Depuis les cinquante dernières années, je n'ai jamais passé quatre mois de suite sur le même continent. J'ai toujours sauté de l'un à l'autre. C'est magnifique quand l'automne et la rentrée des classes commencent à « puer » ici, en France, de se déporter au pôle Sud où le printemps arrive. C'est la double vie. En moi, le migrateur est le bienvenu.
La migration, c'est être en quête de magie. Il n'y a pas plus beau, selon moi, que le printemps et l'été. Donc si je peux

aller visiter ces deux saisons sur les deux hémisphères, je n'hésite pas une seule seconde. En somme, voilà du temps gagné.
Le printemps, c'est la vie qui arrive, ça « chante » – quelle que soit la latitude, tout le monde est content.
Je n'aime pas les journées courtes, j'adore le soleil permanent.

Corps

Serviteur des besoins et envies. À tous les points de vue : courir, monter, sauter, nager, plonger. Sentir, voir, goûter... Le corps est une machine extraordinaire.
Souvent, j'y pense. Je suis dans la rue, mes yeux perçoivent plein de décors en même temps que je marche, il n'y a pas de décalage, c'est hallucinant. Je suis régulièrement ébloui par les possibilités physiologiques que la nature nous a données. J'en profite au maximum. Je profite de mes oreilles, de mon ouïe, de mon odorat... de mes cinq sens.
Le physique qui marche est un bienfait merveilleux, une chance énorme.
Je me lève de mon lit le matin, le pied gauche marche, le droit aussi, tout... *Good morning !*
Il y a des gens qui découvrent leur corps dès lors qu'ils sont handicapés. Moi, j'en ai toujours eu une conscience aiguë.
J'ai toujours profité au maximum d'avoir un corps. Il m'a rendu heureux.

J'ai eu un corps capable d'éloigner les importuns. Quand un type me parlait mal, rien que par le regard, je lui faisais comprendre.
Mon corps est une source de joie énorme.
Mon corps a beaucoup compté dans l'assise physique et la confiance en moi. Quel allié !

Corps social

Il est constitué de gens qui organisent leur pique-nique à leur manière et je n'ai pas envie de le partager.
Je crois que beaucoup d'individus font semblant de vivre *dans* la société. Il y a une énorme équivoque en vérité entre le désir d'appartenance, le désir de se fondre dans le corps social – comme pour perdre la responsabilité de sa propre existence – et la volonté d'une aventure unique. Chaque être humain est une aventure unique.
Devant le corps social, face à lui, selon la nature même des individus, l'appétence est extrêmement variable.
On peut penser qu'un individu garde-chasse dans la Sarthe ou la Mayenne n'a pas une grande appétence pour le corps social. Comme moi.
Le corps social est une sorte de ligne confuse pour certaines existences. Certes, on est en contact avec lui – mais on peut l'être avec plus ou moins de distance. C'est un peu comme la ligne bleue des Vosges : on la voit mais on ne la touche pas.
J'ai le sentiment que chez la plupart de nos contemporains, la représentation de la société ressemblerait davantage à la perception lointaine d'un phénomène gazeux.

En revanche, il y a ceux, nombreux, qui se jettent à bras-le-corps dans le corps social pour tenter d'exister. Ceci s'explique parce que les contraintes de la reproduction, de l'éducation, de la famille les y bloquent. Comme si la création d'une famille fonctionnait comme une fatalité. Comme une fatalité et non comme un désir.
Le corps social n'existe qu'à partir du moment où un certain nombre d'individus acceptent de partager une certaine théorie comportementale.

Courtoisie

Être courtois, c'est ne pas déranger l'autre. Je ne suis pas un envahisseur, pas le moins du monde. Je ne bouge pas ! Je n'ai jamais été rebelle officiel avec des grandes déclarations. Tout cela me laisse dans une parfaite indifférence. Agitation vaine.

Crépuscule

Historiquement, aucune attaque militaire n'a été décidée à la tombée du soir. À la nuit, oui. Voilà des millénaires que les hommes ont peur au crépuscule. Ils n'ont pas de courage au coucher du soleil. Cet adieu de l'astre n'est pas propice à l'engagement.

Curseur

Dans la vie, tout dépend de l'endroit où l'on place le curseur de ses exigences, de ce que l'on espère ou peut espérer de la dignité et de ce que l'on ne veut pas gâcher du respect des autres. Car il est indigne de leur rentrer dans le lard en permanence dans la mesure où l'on n'est pas là pour donner de sempiternelles leçons.

Notre grande histoire, en résumé, c'est que nous n'avons pas à donner des leçons et je crois profondément que nous ne sommes en rien tenus de les suivre toutes ! On peut errer dans ces sortes de limbes sans être discourtois.

D

Danger

Le danger, c'est se confronter à la possible destruction. C'est pas automatiquement réjouissant, c'est une question de nature. Moi, j'ai été projeté, balancé dans un monde dont j'ai voulu très tôt connaître les limites physiologiques. Et explorer mes limites psychologiques. Rien de tel que se colleter au danger pour ça. Jusqu'où suis-je capable d'aller sans reculer, sans renoncer ? L'homme n'est intéressant que par les efforts dont il est capable. Pas par ce qu'il accumule. Enfin, l'espèce s'est donné du mal. Si nous sommes vivants, c'est parce que nous avons eu des grands-pères très anciens qui se sont jetés au milieu des aurochs avec des pieux durcis au feu pour avoir à manger. C'est tout de même une belle histoire de continuer, non ? Je ne suis pas de ceux qui se satisfont. J'aime cette histoire de l'homme. Nous ne descendons que d'une forme de héros, de gens qui ont pris des risques, qui sont allés au danger pour que l'espèce progresse. La chasse à l'épieu quand il s'agissait de manger, c'était un drôle d'exercice. J'aime bien *ça* dans mon espèce, ce goût du risque de certains, cet appel du danger pour progresser.

C'est idiot de vouloir limiter les risques, le danger. C'est une perversion moderne qui existe depuis quinze ans. On met dans la Constitution l'idée du risque minimum alors que biologiquement on n'a évolué qu'à cause du risque – plutôt grâce à lui –, il est, en quelque sorte, inhérent à notre évolution. Les risques ne sont pas faits pour être fuis mais pris, le danger pour être affronté sans quoi nous serions encore dans les cavernes dont nous n'oserions pas même sortir. Cette mentalité du risque zéro m'apparaît obscène. C'est parce que nous prenons des risques, que nous acceptons le danger que la vie est intelligente. Évidemment. Le danger est moteur. Il est révélateur du fait qu'on doit y aller. Si c'est pas dangereux, on *peut* y aller, si c'est dangereux, on *doit* y aller. La nuance est subtile.
Que valent nos ambitions ? Voilà la seule question qui vaille. Un homme, c'est un type qui doit se colleter au danger, lutter. Les gens qui n'ont jamais risqué leur peau ne parlent pas comme les autres.
Les fois où je me suis senti en grand danger ? À Paris, à terre, j'ai l'impression que je vais perdre mon âme. Faut pas rester là, la vie ne peut pas être là. Un jour, je me suis dit que si j'étais condamné à rester là, j'allais mourir, c'est tout.

Délicatesse

Le symbole, selon moi, de la délicatesse, ce serait de devenir invisible et inodore. C'est de ne pas s'imposer au regard. De ne pas signer même sa présence. D'être fondu dans le décor. Et d'être inaudible. De ne pas apparaître. Ne pas déranger.

Je tente d'être le plus insignifiant possible.
Quand le poulpe, au fond de la mer, veut coller au décor, il en prend les couleurs.
Je sais que plus je vais être discret, plus je vais découvrir des choses intéressantes.
Si on fait le show, on ne voit rien. Quand on se tait, on écoute, on apprend des choses de l'autre, si on parle, c'est nous qui apprenons à l'autre.
Il faut choisir entre se laisser voir et regarder.

Désespoir

C'est un mot que je prononce rarement car je suis un vrai désespéré. Un total désespéré. Alors à ce point-là, on n'en parle plus, si j'ose dire. *A priori*, cette vie est un théâtre, une comédie, il est très difficile d'en trouver les tenants et les aboutissants. Elle n'a pas de sens et voilà pourquoi nous sommes obligés d'inventer des « trucs » – comme un magicien – pour donner du sens à ce que l'on vit. J'ai inventé de l'aventure pour que ma vie recèle du sens.

Diable

J'en ai la trouille. Sévère ! Là, devant lui, je n'existe plus. L'esprit du mal, le malin… terrible.
J'ai déjà senti physiquement en mer, en solitude, le ciel coupé en deux entre le bien et le mal. Sensation horrible.

Je décroche, je ne vais pas dans le mal. J'ai perçu, dans ces conditions, le ciel noir d'un côté, blanc de l'autre, les forces du mal s'opposer à celles du bien.
J'ai assisté à ce spectacle avec tous les poils hérissés. Sensations directes du corps.
Il m'est aussi arrivé de rentrer dans une maison, de voir mes poils se dresser et de me dire : « Il ne faut pas que tu restes. » Et des endroits où, sans raison apparente, je me suis senti hyper bien.
Le diable avec les cornes fait peur quand on est petit. Mais il continue de me faire peur.
Il y a des gens aussi qui ne m'inspirent pas. Je sens le mal en eux. Ils le dégagent.
Je sais que les fourbes ont une odeur – que je ne peux pas décrire évidemment –, mais je la connais. Alors je fuis. À toute vitesse. D'où l'expression, d'ailleurs : « Je ne peux pas le sentir. »
Tout cela est une affaire de capacité sensorielle. Tiens, ma première épouse avait une chienne et, de temps à autre, j'avais cette bête avec moi. Et un jour, j'étais au volant de ma voiture, à l'arrêt. Un type avec lequel je travaillais vient me dire bonjour, on parle un peu et la chienne grogne, grogne et grogne encore. Je me demande bien pourquoi. Et j'ai su par la suite que l'individu en question était parfaitement hypocrite, qu'il ne pouvait pas me voir et qu'il était toujours en train d'agir contre moi pour tout. La chienne avait senti tout cela.
Si je faisais des affaires, j'aurais un chien dans mon bureau pour qu'il me donne le signal de ce que je ne vois pas.

Je me souviens aussi, nettement, d'endroits maudits, bourrés de malédictions denses et profondes. Le diable y réside. Dachau... Douaumont...

Dignité

Une espèce de désir et de sentiment qui fait qu'on ne se laisse pas bousculer par des idées contemporaines. La dignité, c'est se tenir à l'écart des frémissements et des emballements. C'est une sorte de frigidité *enthousiasmique* qui évite de se mettre à applaudir de façon grégaire des choses et événements sans intérêt.
Autrement formulé, entre ne pas partager l'enthousiasme et le mépris, il y a une frontière souhaitable et qui est une forme de dignité.
Il s'agit d'essayer toujours de se placer dans la position sociale de l'homme tel qu'il devrait être et pas automatiquement tel qu'il est.

Dire (du mal)

Maintenant, à mon âge, je ne dis plus de mal de personne – quoique, parfois, ça me tente.

Dormir

En mer, on ne dort que des yeux.

Doute

Comme tous les vrais crétins, je ne doute de rien ! Et ça fait une vie délicieuse.
Il y a une vieille règle qu'il faut avoir en tête et que j'adore : « Quand il y a doute, y a pas doute. » Quand on a un doute sur quelque chose, il faut l'éliminer.
Il faut avancer avec un maximum d'absence de doute.
J'avance en prenant des risques et si j'ai un doute sur la manière que je vais avoir de gérer ces risques, alors je n'y vais pas.

Droit (au bonheur)

Il n'y a pas de droit au bonheur. Il arrive comme ça, c'est une chance. Un cadeau. Pas un droit.

Drôle

Si tu es drôle, tu n'es pas sérieux en France. Les Français chérissent la gravité des cons, souvent aiment ceux qui les ennuient et ont honte de ceux qui les font rire.

Durer

Comme ailleurs, en mer, ce qui compte, c'est de durer.

E

Écologie

Je n'aime pas ce mot – ni même celui « d'écologiste ». Il cache des ambitions, des ignorances et des combats agaçants. Toutefois, il faut bien reconnaître aussi que certains d'entre eux sont justifiés. Certes, les « écolos » m'énervent mais ils furent aussi très utiles. Il est en vérité délicat de nier leurs combats.

Prenons Nicolas Hulot : on ne pourra pas reprocher à cet homme de ne pas avoir fait, à un moment de sa vie, œuvre utile. D'avoir montré la lune du doigt – même si nombre d'entre nous n'ont vu que le doigt.

Le réchauffement climatique ? Il est vrai dans certains endroits. Quoi qu'il en soit, aujourd'hui, si on a le malheur d'en douter – publiquement s'entend –, on est condamné à mort. C'est l'Inquisition. Pour être dans le moule, il faut parler du réchauffement de la planète. Il est évident que des signes de réchauffement sont là mais il faut attendre un peu avant d'en tirer des conclusions.

L'augmentation du nombre d'habitants sur la Terre implique qu'on ne puisse plus se conduire comme jadis. C'est une certitude. Il n'y a plus de place pour se tenir comme des cochons. Il y a une obligation civile – civilité puérile et honnête – de bien se tenir et de ne pas souiller. Lorsque j'étais enfant, quand on avait fait la vidange des bateaux de pêche, l'huile finissait dans le port ou dans la mer – et cela paraissait normal à tout le monde ! Aujourd'hui, c'est impensable. Les gens ont appris que ce n'était pas bien. Mais ça leur a été appris, *enseigné*. Affaire donc de culture, de comportement. D'où les bienfaits d'un discours écologique.

Le désir de la formulation des codes qui consiste à respecter la nature – ce qui nous entoure –, ce désir affiché, promu, étiqueté est, à mon sens, salutaire. Autant, il y a vingt ou trente ans, je trouvais les écolos énervants, autant, à l'heure où nous parlons, je me rends compte que mon jugement était téméraire et qu'ils avaient raison.

Enfant, je vivais dans la nature, je ne me rendais pas compte de la pollution. Ceux qui furent les lanceurs d'alerte, il s'agit d'une certaine façon de leur rendre hommage. Nous leur devons beaucoup.

Je suis passé, il y a un an, en descendant dans le Grand Sud, dans les îles où demeurent les vestiges des grandes stations baleinières. Eh bien, ça sent le crime, c'est effrayant. Là, furent tuées des milliers de baleines. On peut encore voir des sortes de tronçonneuses à vapeur dont les lames font cinq ou six mètres de long. Des années après, l'odeur qui règne est celle de la malédiction. Il subsiste des ossements et des outils qui rouillent. C'est très impressionnant.

Il y a un crime de l'humain vis-à-vis de la nature. Le discours écologiste, même avec ses excès, permet la prise de conscience.

Comme tout le monde, les Polynésiens sont devenus respectueux du paysage. Il y a cinquante ans, quand on voulait se débarrasser de quelque chose, on « jetait au lagon » – pour utiliser leur expression. Aujourd'hui, c'est fini, ils ont eu une prise de conscience.

Éducation

J'ai reçu une éducation assez solide sur le courage, la vertu, la morale, la culture – je peux citer Ovide de mémoire –, mais on ne m'a rien appris sur le mariage, les femmes... et toutes les émotions qui en découlent.
J'ai été construit physiquement – et les hommes de ma génération aussi –, intellectuellement, pour être un guerrier. Mes frères et moi (les hommes de la famille) sommes des guerriers ! Nous savions le grec ancien, etc., rien n'est inutile dans cette éducation mais il y a tout un pan sur lequel on ne nous aura rien appris, *surtout* rien appris. Il s'agissait *surtout* de ne rien savoir, j'insiste. Il nous fallait, en quelque sorte, tomber dans le piège de l'émerveillement de l'amour et dans l'incapacité à le gérer. Nous observions, dans ce domaine, nos parents : ils étaient notre seul exemple. Autrement dit, ils « géraient » ce domaine amoureux d'une certaine façon avec des codes sociaux et émotionnels qui n'étaient pas les mêmes que les nôtres. On ne nous a rien dit de ce qu'était une femme sauf que c'était un individu qui pleure et s'habille en rose quand elle est petite.

On m'a élevé pour faire la guerre, non pour tenir la main d'une demoiselle.
Ce sont les femmes rencontrées plus tard, beaucoup plus tard, qui m'ont appris, enseigné : elles m'ont ouvert les yeux sur le monde. Sans quoi je serais resté un barbare.
Sur la sensibilité, on ne m'a rien transmis non plus. Sans doute parce qu'il n'est pas aisé de transmettre une émotion, mais sans transmettre, on aurait pu me faire évaluer un certain nombre de choses. Là-dessus, chape de plomb.
J'ai entendu des formules toutes faites : par exemple, le divorce est un échec. Or, c'est faux, du moins, pas obligatoirement. Un divorce bien mené où chacun est plus heureux et où l'on peut rester liés est un divorce réussi.
On va tous, nous les hommes, être à un moment où un autre des maris et, sur ce chapitre, on ne nous aura donné aucune piste. C'est un peu dommage.
Il serait temps qu'on s'occupe des hommes.
On m'a fabriqué pour être un homme, et uniquement. Que m'a-t-on dit de la douceur, de la patience, de la compréhension de l'autre ? On m'a construit, non pour comprendre, mais pour agir.

Effort

Ce sont les efforts, les seuls efforts qui nettoient l'homme de l'indignité biologique dans laquelle il se trouve.
Nous ne sommes émouvants qu'en raison de nos supposés efforts, dans cette lutte contre notre impuissance.

Émerveillable

C'est ma grande aptitude. Comme on disait « apte au service militaire », je suis apte à l'émerveillement. En quête. Je me fabrique des étonnements heureux. Je veux toujours voir apparaître le soleil à travers les arbres.
Je suis sans cesse en recherche de lieux, d'instants qui vont déclencher ma capacité d'enchantement. C'est mon savoir-vivre. Je jubile fréquemment.
Ma capacité jubilatoire peut naître sur un coup de vent, sur le ronflement particulier de la mer.
Certaines lumières m'enflamment. Alors je vibre. Mais ça peut être aussi bien le chant d'une alouette.
Pour un guetteur de ma sorte, il peut y avoir beaucoup de moments pleins de perfection absolue. J'ai l'œil. Je me le suis fait.

Emmerdeur

Je dois disposer d'une sensibilité qui fait que l'emmerdeur m'apparaît tôt. Je le détecte vite.

Émotion

C'est ce qui, à un moment donné, va concrétiser une forme de recherche, d'émerveillement. En philosophie, jadis, ne disait-on pas qu'il s'agissait d'un raté de l'instinct – voilà pourquoi, par exemple, le rouge nous monte aux joues ?

J'aime être ému. J'ai une morphologie mentale tout à fait apte à recevoir les bribes de magie que la vie peut donner… le magnifique, le merveilleux de l'inexplicable ou de l'inexpliqué. D'ailleurs, je n'aime pas que l'on explique tout. J'accepte très vite de m'arrêter aux frontières du compréhensible, lesquelles sont très proches de ma réalité dans le sens où il y a mille choses que je ne comprends pas.
Tiens, par exemple, les êtres humains veulent être compris, ce qui, entre parenthèses, me semble fou. Pourquoi être compris ? À quel titre ? L'autre n'a pas le temps.
Moi, je ne veux rien, qu'on me laisse en paix et qu'on ne s'assoit pas sur mes genoux.

Endroit (Magie)

La magie des endroits tient au fait que les gens en ont vécu toutes les heures. Si vous habitez, au hasard, à Brest, près de telle ou telle plage, vous en avez vécu toutes les heures de gloire, d'émerveillement, de lever ou de coucher de soleil… L'attachement à un endroit donné tient au fait qu'on l'a *vécu*. C'est un peu comme avec les êtres humains. Je parle de ceux avec lesquels on a passé beaucoup de temps. Les liens tissés sont indélébiles. C'est ce que les gens tentent de mettre, naïvement, dans leur album de photos. Des heures de magie. Il n'y a pas que la proximité qui compte, il y a le temps passé.
Le temps passé avec un décor, comme avec des êtres, crée des attachements d'une grande cohérence. C'est ça la vraie connexion.

Enfance

Période absurde d'une énorme impuissance. Je me suis fait gifler à dix ans par des profs alors qu'aujourd'hui je leur en collerais une facile ! C'est humiliant.
Il faut des enfances parfaitement bien entourées afin que l'on n'abuse pas intellectuellement de nous en nous faisant croire que le monde de demain est comme ça ou comme ci. « Vous verrez plus tard », disaient mes profs qui m'expliquaient une vie que visiblement ils n'avaient pas comprise. Quelle horreur !

Enfance (Mon)

Je n'avais pas de discussions avec mon père, c'était impensable. Vers douze ou treize ans, j'ai essayé mais je suis tombé sur un mur complet. Il n'y avait pas discussions ni négociations, c'était ainsi et c'était tout.
Tous les ados veulent être compris. La grande intelligence de l'éducation qui fut la mienne était de me faire comprendre qu'il n'y avait aucun intérêt à être compris. Dans la vraie vie, quand on sort de la maison, personne ne cherche jamais à vous comprendre. On m'a superbement protégé de l'idée d'être compris et c'est fort.
Quand je suis parti voyager avec Tabarly autour du monde et que je revenais, on ne me parlait de rien. Mes parents étaient seulement contents que je sois content. Ils ne collectionnaient pas les articles de journaux, ce n'était pas leur genre !

Dans ma famille, sur les huit enfants, j'étais celui qui posait des problèmes. Jeune, j'étais de l'explosif. J'étais rétif à mille choses, je faisais semblant pour avoir la paix. Comme je n'étais pas trop bête, je ne tombais pas dans les grosses bêtises dangereuses – ou quand je les ai faites, je ne me suis pas fait attraper. Je n'étais pas dans la provocation, je n'avais rien à vendre, rien à affirmer, je n'étais prosélyte pour rien, je voulais la paix. Je ne pensais pas que mes idées étaient meilleures que celles de mes parents, je pensais que les leurs ne me convenaient pas.
Entre l'internat et chez moi, les périodes de friction, je les évitais.
Je m'entendais mieux avec mon père. Je le faisais rire – ma mère je l'agaçais. J'avais compris qu'en étant drôle ce serait payant. Ma mère ne riait pas – le rire était sans doute, selon elle, une transgression d'un comportement social.
Chez moi, c'était sévère et corseté. Nous étions là pour être dressés. Pas pour autre chose. La cravache, le fouet, j'ai connu. Et comment ! Mon père avait une cravache en peau d'hippopotame dont je gardais une semaine les zébrures sur les cuisses. Je n'ai pas été élevé au raisonnement.
Moi, j'ai vécu dans un monde (je suis né en 1941) où les gens sortaient de la guerre, donc les délicatesses ou les états d'âme de monsieur, personne n'en avait rien à faire. Les gens qui m'entouraient, quand ils n'étaient pas d'accord pendant la guerre, ils prenaient une rafale, donc lorsque mon père me donnait de la cravache, c'était une façon gentille et délicate de me remettre dans le droit chemin... Une caresse...

En 1956, quand je fus scout marin et que je ratais une manœuvre ou que je ne balançais pas une bosse (cordage), le chef de quart nous prescrivait cinq coups de fouet dans le dos. Ça faisait partie des règles comme dans la vieille marine. C'était un autre monde. Le soir, alors, nous allions prendre nos coups de fouet.
Je me souviens d'un équipage entier, de dos, se faire fouetter pour une faute de manœuvre – manœuvre de canot.
Il se passait la même chose chez les Jésuites. Lorsque j'étais mis à la porte de la classe, à dix ans, je passais chez le préfet pour prendre des coups de martinet. Les professeurs nous flanquaient des baffes énormes. Ils nous faisaient installer, pendant des heures, à genoux sur des règles en fer avec un bouquin que l'on devait porter à bout de bras.
Je garde aussi en mémoire les colles durant lesquelles les professeurs dictaient à toute vitesse le latin, il fallait prendre en note et, lorsqu'ils s'interrompaient, relire sans une erreur tout ce qui avait été dicté. À la première faute, la colle était doublée. Ainsi, à force de fautes, on pouvait rester en retenue une semaine durant les grandes vacances.
Voilà ce que je nomme une éducation raide. Dans le même temps, nous trouvions tout cela normal dans la mesure où nos héros de l'époque étaient les résistants. Sur la couverture des livres que nous lisions, il y avait toujours quelqu'un en affublé d'une mitraillette camembert.
Les gens qui nous éduquaient étaient eux aussi d'anciens résistants, pas des Bisounours. Nous étions élevés pour devenir des vrais Français.
Certes, cette éducation était sévère mais elle avait ses bons côtés. En camp scout, nous apprenions très jeunes à

nous débrouiller, à faire du feu avec des morceaux de bois. Si nous n'arrivions pas à faire cuire les pommes de terre volées dans les champs, on ne mangeait pas.

Nous faisions des marches de trente ou quarante kilomètres. Tout ce dont nous disposions (sacs de couchage, habits, etc.) venait des vieux stocks de l'armée américaine. On nous faisait faire la guérilla mais c'était assez marrant !

Au collège, nous faisions des batailles avec des boucliers en métal. Nous disposions de balles en cuir, il fallait éviter d'en prendre une dans la figure tellement elles étaient dures.

Nous faisions la même chose avec des échasses. Voilà des jeux virils. Il y avait régulièrement un ou deux gamins à l'infirmerie après chaque récréation !

Pour nous, c'était normal, nous ne pensions pas à nous plaindre.

Le week-end, quand nous sortions en culottes courtes battre la campagne, nous revenions griffés de partout. La moitié d'entre nous ressemblait à des chats de gouttière. Mais c'était la noblesse de ce monde.

Nos professeurs, dont certains avaient eu les doigts pris dans un étau par la Gestapo, nous racontaient la guerre. Très peu au fond, mais de temps à autre, ils nous livraient des choses. Alors on se disait que nous avions de la chance.

À part mes professeurs, personne pourtant ne nous parlait de la guerre. C'était interdit.

Je me souviens que l'un de mes oncles, évadé du camp de Rawa-Ruska, nous parlait de sa guerre et que nos parents étaient mécontents de savoir que notre oncle nous dévoilait ses aventures. Tout le monde voulait oublier.

Personne ne voulait parler. D'ailleurs, ce fut la même chose pour les juifs. Ce sont les enfants des juifs qui, plus tard, parlèrent. Eux voulurent oublier.

Enthousiasme

C'est partir à l'aventure dont j'attends du merveilleux – et il y en a toujours. C'est comme Noël quand on est petit, on met ses chaussures le matin et on est nerveux : dans l'attente du merveilleux. Ce que je veux toujours, c'est ramasser *les* merveilleux de l'existence. Les miens, qui ne sont pas ceux des autres évidemment. Chacun a les siens. De là naît l'enthousiasme.

Souvent je pense à cela : je suis dans un avion entre Sydney et Hong Kong et il y a un type, trois rangs devant, dont je ne vois que la nuque. Je me demande ce qu'il trimballe, quels sont ses enthousiasmes. Est-il heureux, a-t-il dans sa poche le timbre unique dont il rêvait pour sa collection, est-il inquiet de la maladie de ses enfants, que pense-t-il ? Nous sommes différents, nous avons des pilotages qui n'ont rien à voir – sauf dans les grandes lignes – les uns avec les autres. J'en ai conclu qu'il ne fallait pas se mêler des affaires des autres et ne pas leur coller la pression. En revanche, je ne me laisse pas coller cette pression et ne veux surtout pas qu'on se mêle de mes affaires.

J'essaie de vivre en fonction de ce que je suis. Mes enthousiasmes n'appartiennent qu'à moi.

Envie

Je n'ai jamais envié personne. C'est débile l'envie. Si on portait tous un insigne avec l'heure de notre mort marquée dessus, on envierait seulement ceux qui ont du temps. Or, les phénomènes de l'envie sont portés sur les biens, la beauté, la grâce et pas sur la seule chose qui compte, à savoir le temps qui reste.
Tu croises une fille magnifique mais sur son insigne il y a marqué : « Moins le quart » ! Et tu fuis !

Épaisseur

J'ai rencontré nombre de marins talentueux. Aucun n'avait l'épaisseur de Tabarly.

Éprouvette

Un nouveau bateau est toujours une éprouvette.

Équipage

Un équipage, en course, c'est deux groupes. L'un succède à l'autre vingt-quatre heures sur vingt-quatre. Il y a des coéquipiers qui peuvent faire le tour du monde sur le même bateau sans s'être jamais parlé. Ils se croisent dans

l'escalier, c'est tout. Il y a ceux qui descendent se restaurer et dormir et ceux qui montent travailler.
Ces deux groupes sont, de fait, en concurrence. Il y a le tiroir-caisse du quart qui a fait le plus de miles. Ce n'est pas une concurrence malsaine, elle est motrice.
Un équipage, c'est une communauté d'engagement et d'effort où chaque individu donne, est censé donner, une connaissance, de l'enthousiasme, du plaisir. Les hommes qui font ce métier sont heureux et fiers.

Étanche

Ce qui pourrait me fâcher me laisse indifférent. En vérité, je suis assez étanche à tout ce qui peut m'irriter. Je cloisonne.
Étanche je suis : comme quoi j'aurais dû faire un autre métier. Plutôt plongeur que marin !
J'ai la chance de n'être en rien influençable par le mode de pensée des autres, de ceux qui se prétendent à la mode.
Je me moque royalement de ce que pensent mes contemporains. La pensée étant par nature éternelle, j'estime que ce que je pense vaut ce qu'ils pensent.
Je ne me sens pas coupable, en somme, de penser à rebours des conventions.

Expérience

Il est très impressionnant de voir à quel point les émotions, les expériences ne sont pas transmissibles. On ne pourra jamais transmettre, nous les hommes, ce qu'est notre plaisir sexuel à une femme – et inversement. Je ne pourrai jamais transmettre à quelqu'un la joie que représente la navigation à haut niveau dans des mers difficiles. La souffrance elle-même est intransmissible. Nous sommes très enfermés dans des systèmes où la *communicabilité* est restreinte.

On peut donner à l'autre une idée comme un halo de lumière mais ça s'arrête là.

Il n'y a pas de descriptions précises de la beauté ou de la souffrance que la lumière découvre.

Extrême

L'homme est biologiquement dépositaire de tous les extrêmes. Il faut s'attendre au meilleur et au pire en chacun d'entre nous. C'est notre histoire.

Au demeurant, il paraît intéressant de s'orienter vers le meilleur.

Le bien et le mal sont souvent assez peu définis dans la psychologie des gens. C'est pourquoi les religions placent des barrières qui ne sont pas définies naturellement entre le bien et le mal. Est-ce que ce qu'elles nous disent est réel ?

En Inde, abattre une vache en pleine rue et la faire cuire est, mal vu. C'est mal tout court. Pour nous, c'est courant et nous avons même des endroits pour cette opération.

F

Faiblesses (Mes)

Je n'en ai ni de chéries ni de coupables. Je ne peux pas être plus clair !

J'accepte celles des autres dans la mesure où mon niveau d'indifférence est souvent fort élevé.

J'ai parfois dû affronter le mépris de l'autre qui est en soi une faiblesse sans qu'il ne me touche. Indifférence encore. Le « Ça ne m'intéresse pas » que je verbalisais enfant – et qui exaspérait souverainement mes parents – ne m'a pas quitté, jamais. Cette formule n'a pas la brutalité du « Allez vous faire voir », ou pire, mais c'est un propos que je ne retire pas des suggestions qui peuvent être faites en sous-entendus.

Souvent je me dis – dans l'absolu : « C'est votre histoire et non la mienne. »

Famille

C'est d'abord le monde tel qu'on le perçoit car c'est précisément dans celui-ci que l'on naît.
Comme je viens d'une famille nombreuse, ça m'a permis de faire le tri.
Je n'ai jamais été clanique – au demeurant, je me suis toujours méfié des clubs, des clans, des groupes…
La famille est un clan dont je me suis tenu à l'écart.
Je suis issu d'une famille où, finalement, personne ne se connaît : on ne se côtoyait que pendant les grandes vacances et encore, chacun ayant des occupations de son âge. Je ne connais pas mes frères et sœurs – je suis vite parti en internat.
Quand je me promenais avec mon lance-pierre, mes sœurs jouaient au tennis, nous n'avions rien à nous dire.
J'ai vécu dans un groupe que je ne connaissais pas.
Je n'ai jamais tenté de recréer une famille, j'avais ma dose !
Je n'ai perçu fortement que la solitude et très jeune. Vers cinq ou six ans, j'ai compris – bien que venant de cette grande famille – qu'il fallait se débrouiller seul.

Femme

Je ne connais rien des femmes au fond. J'ai des perceptions sur des cas particuliers mais rien de générique.
Autant dire que je ne me suis pas penché sur la psychologie féminine. J'ai la qualité de ne m'intéresser qu'à ce qui

m'est accessible. Donc je n'ai pas eu le mauvais goût de me pencher sur la psychologie féminine.

Flou

Le drame de l'humain, c'est qu'il gère du flou. Il sait qu'il va mourir et, pourtant, il vit comme s'il était éternel. Il se prend pour un dieu. S'il lui était évident que tout peut s'arrêter demain, il ne vivrait pas pareil. Il aurait le désir d'essentiel.

Fringues

Les fringues, c'est une horreur. Je n'aime que les vieux vêtements car je suis habitué à eux.
Tabarly était comme moi. Je me souviens qu'avec des membres d'équipage nous jetions dans son dos certaines de ses nippes à la mer lorsqu'elles étaient vraiment devenues importables. On ne voulait pas avoir trop honte de notre patron lorsque nous débarquions.
Je n'aime pas les habits neufs. D'ailleurs, je ne vais jamais acheter des chemises, ça m'énerve. Il suffit que je demande une chemise bleu marine en toile avec des poches devant pour que le vendeur revienne avec une chemise lilas sans poches parce que c'est « à la mode » ou pire, « tendance ». Il y a des claques qui se perdent.
Voilà pourquoi je ne vais jamais moi-même acheter des vêtements – mes rares tentatives ont failli mal se terminer.

La mode est un aveu de faiblesse. Être habillé dans l'air du temps… Il n'y a pas d'air et pas de temps…
Oh, les coiffures aujourd'hui… Les gens se font des têtes… Comme à la fin des années quarante. Avec du gel – à l'époque on disait « brillantine ».
Il faut être à la mode ? À la mode de quoi ?
En revanche, j'aime la mode des couturiers pour les femmes. Je peux admirer leurs coups de crayon. Dior, Saint Laurent… c'est magnifique. Je suis hyper sensible à cet art.
Mon dressing se résume à peu de pièces. Ce qui me fait de la peine, c'est quand mes chemises deviennent trop vieilles.

G

Génération

Il y a celle qui est née avec Internet et celle née avant.

Génie

Le génie de l'autre est toujours un peu humiliant. Il n'est pas automatiquement humiliant de façon agressive, mais il fait ressortir nos impuissances et nos impostures.

Gens

J'aime bien que les gens ne se croient pas obligés d'être autre chose que ce qu'ils sont. Le sourire commercial n'est pas dépourvu de vertu mais il m'apparaît comme assez fastidieux.

Gentil

Rien de péjoratif ici. C'est un très beau mot. C'est formidable la gentillesse. La suffisance, c'est d'un ridicule achevé. Quand on est amené à rencontrer l'autre, il faut s'arranger pour que le moment passé ensemble soit plus agréable. Ce n'est pas un projet vulgaire.
Il y a en France une sorte de culte romantique et ringard du désespoir, du chagrin et de la révolte. Les trois sont le signe définitif d'une carence intellectuelle qui empêche d'être heureux. Tous ces crétins qui se font une vie de merde au nom de leur souffrance… ça n'a aucun sens.
La gentillesse, c'est mettre un peu plus de miel sur la tartine. Ce n'est pas un accident bête de la faiblesse qui ne sait pas où aller… ça peut être un projet.
Que vais-je faire pour que les gens que je vais croiser ce soir, demain, aient avec moi quelque chose d'un peu meilleur ?

Goût

Ce que j'aime chez les Anglais, c'est qu'ils n'ont pas de doute sur cette question. Pour l'aristocratie anglaise, le goût, c'est eux. Ils chassent le renard avec des culottes blanches, boivent du thé, vont au club… Ce peuple brutal et guerrier, qui compte assez peu de poètes romantiques, ne doute en rien.
Tout le monde les copie : à preuve, ils ont inventé presque tous les sports, les tissus…

Cette absence de doute permet une grande originalité chez les individus.
Il y a trente ans, les Français étaient choqués de voir des Anglais habillés n'importe comment. Eux, ils s'en moquent puisqu'ils *sont* le goût. Cela est vrai, plus généralement, dans le monde anglo-saxon : à New York, on peut se promener avec un écureuil et un lapin sur la tête sans que quiconque trouve ça anormal.
Selon moi, le bon goût, c'est ce mélange de culture et de comportement qui va faire que dans la cuisine, dans la mode, dans la décoration, dans l'architecture, on *sort* des choses étonnantes.
Pour la cuisine, les Français ont manifestement le meilleur goût. Pour le vêtement, il semblerait que les Italiens soient bien placés...
Le raffinement allemand et le raffinement italien ne sont pas les mêmes. Il y a un écart. Cet écart se nomme le charme.

Grâce

C'est la reconnaissance absolue de ce qui nous est *donné*... cette espèce de sensation du don, du don reçu. Et ce don, nous n'en sommes que dépositaires et non responsables. Nous ne pouvons en être qu'étonnés, joyeux mais humbles. Toujours humbles. La grâce passe par cette humilité mais c'est elle encore qui nous permet d'être, parfois, exceptionnels.
La grâce, en somme, c'est un don qui serait de passage.

Grande Guerre (1914-1918)

La génération de ceux qui ont fait cette guerre a vu tout disparaître – mes deux grands-pères ont participé à la Grande Guerre.
Je me souviens de mon surveillant, au collège, qui avait été gazé.
J'ai vécu par osmose les chagrins de cette guerre. Puis, on n'en a plus parlé. Tout se passait comme s'il avait fallu enterrer ce passé finalement proche. Il y eut comme une urgence *sociétale* à faire disparaître cet épisode de notre histoire. Maintenant, on en reparle. Mais en 1956, c'était tabou.

Grossièreté

Il est d'une énorme grossièreté de raconter ce qui vous ruine. Il y a intérêt à se taire.
Tout comportement qui n'aspire pas à la dignité est grossier.

H

Heureux

Je suis heureux. Ah oui. Et j'en ai une conscience aiguë depuis longtemps. Depuis l'âge de vingt ans, depuis que je n'en fais qu'à ma tête. J'ai toujours pris d'ailleurs beaucoup plus au sérieux mes bonheurs que mes souffrances – ce qui m'a fait une vie agréable. Mes souffrances, au fond, sont secondaires, sans grand intérêt. Mes bonheurs engendrent, à l'examen, et à vivre, des moments jubilatoires.
À partir du moment où ma vie s'est organisée comme les *grandes-vacances-de-quand-j'étais-petit*, miracle ! J'ai toujours vécu comme si j'étais en grandes vacances.
J'ai un manque d'imagination qui m'a mis à l'abri de beaucoup de tentations.
L'autre jour, je sortais de déjeuner de chez un ami qui a une immense fortune et je me suis entendu lui dire : « C'est la première fois que je me rends compte, que je vois à quoi l'argent peut servir. » Je n'avais jamais pensé à ce que l'argent pouvait procurer. Parce que je me suis procuré suffisamment de choses dont j'avais besoin pour n'avoir pas besoin d'autres choses.

J'aurais pu être encore plus heureux si j'avais été plus gentil. Plus tourné vers les autres, moins violent ! J'aurais alors sans doute créé une vie meilleure pour les autres.
Il n'y a qu'en vieillissant que je me suis fait plus aimable. Alors, je me suis dit qu'ainsi, peut-être, je pouvais améliorer la vie d'autrui. Avant, je trouvais que ce n'était pas nécessaire. J'étais à la limite du barbare.

Homme

Je n'ai pas la capacité à être supérieurement ému à l'idée de penser à la nature humaine.

Humeur

Selon mon humeur, la mer change de teintes.

I

Idée

Il y a nombre de domaines sur lesquels je n'ai pas d'idées et je ne veux pas en avoir non plus. Et il y en a certains sur lesquels je ne devrais pas en avoir mais j'en ai. Tiens, je trouve que Courrèges est un couturier horrible.

Identité

Je suis un individu de plus sur les milliards qui traînent dans ce monde. Je suis une cellule dans un monde complexe. Le seul intérêt que j'ai est tenu, concentré dans les efforts que je suis capable de fournir.

Île

Dans l'île de Molène, près de chez moi, les habitants ne prennent pas l'heure d'été ou d'hiver. Ils refusent et trouvent ça idiot. Il est midi à Molène quand le soleil est à

la verticale de l'île. Point. Ils vivent à l'heure solaire. Ils sont à six cent quatre-vingt-dix kilomètres de Paris à l'ouest.
Un îlien est particulier. Aucun des rapports habituels – ceux que nous connaissons, veux-je dire – ne peut être entretenu avec lui. Une île, ça s'auto-surveille, on peut laisser les enfants courir sur une île, tout le monde sait où ils se trouvent, personne ne s'inquiète, on sait qu'il y a toujours quelqu'un qui les aura vus quelque part.
Une île, c'est un monde restreint où l'enfance se prolonge.
J'ai des amis tahitiens qui emmenaient leurs enfants à Paris. De là, en voiture, ils allaient visiter Bordeaux et les enfants, une fois arrivés, disaient : « Il est grand le tour de l'île ici. » Pour eux, ça n'existe pas de faire cinq cents kilomètres en voiture. La voiture, c'est fait pour faire le tour de l'île.
Une île, c'est un endroit où tout le monde se connaît.
Si l'on n'est pas né dans l'île, on n'est jamais des leurs avec les îliens. Je vis en Polynésie depuis longtemps, je suis marié avec une Tahitienne mais je demeure un étranger.
À Tahiti, par exemple, il y a un pouvoir politique. Il ne compte que peu. Il y a le pouvoir religieux, lequel bloque le pouvoir politique. Mais surtout, il y a le pouvoir des familles. Ça, c'est le vrai pouvoir.
Les gens des îles, quand ils voient arriver ceux du continent, se demandent s'ils peuvent être amis avec eux, c'est-à-dire combien de temps ils vont rester.
La première question qu'on me posait il y a cinquante ans quand je suis venu à Tahiti, c'était : « Combien de temps restez-vous ? » Et ce n'était pas du tout pour se débarrasser de moi mais pour commencer à établir le type de lien que chacun de nous pourrait tisser.

L'îlien est en permanence volé : les étrangers viennent prendre quelque chose, profiter et s'en vont. Qu'advient-il alors de leur amitié, de leur amour ? Alors, les îliens se referment.
Le tempérament îlien est hyper fort.
Chaque île a son caractère, sa dominante.

Imbécile (heureux)

J'adore l'idée de l'imbécile heureux. Auquel je me joins avec enthousiasme. Le génie malheureux ne me captive guère. Seul le bonheur compte, quelles qu'en soient les modalités.

Immortalité

Quand on est en face d'un monument, on peut se dire raisonnablement qu'il sera là dans cent ans, deux cents ans… Et moi, peut-être que dans dix minutes, je ne serai plus là.
Plus on s'approche de la notion réelle, biologique du fait que nous ne sommes que de passage, on est obligé d'admettre que tout va continuer, se poursuivre sans nous. Et sans que cela ne dérange le moins du monde l'ordre des choses.
Les monuments naviguent, le temps passe autour.
Je voudrais être une pierre du phare d'Ouessant, une pierre dans le mur pour ouvrir l'œil et voir ce qui se passe après moi. Je voudrais faire partie du temps.
Moi, je ne veux pas « d'après », je ne veux que du « pendant ». Or, la mort… elle coupe l'après.

J'aurais bien, non un œil sur « l'après », mais un œil sur « tout le temps ».
L'immortalité, c'est mon truc. Ça m'irait très bien. Je n'ai pas envie de rester dans le souvenir des autres mais dans mon présent.
Je ne crois pas à l'immortalité de l'âme ni en la résurrection. Je ne suis pas contre mais je n'y ai pas accès.

Indifférent

Je suis indifférent à presque tout.
Je connais tous les trois étoiles de France et je peux me nourrir de n'importe quoi sans que cela m'affecte. Je n'ai pas de besoin. Je suis assez ascète.
Je dors dans des lits mais je peux aussi bien dormir dans des cartons.
Je peux manger chaque jour un peu de riz et un morceau de poisson. Je n'ai pas de manque et, je le répète, pas de besoin – si ce n'est, et c'est capital, celui qu'on me *foute* la paix. Mais c'est un besoin impératif.
Je peux habiter n'importe où – pourvu qu'il y ait la vue sur la mer.
Je ne me suis pas laissé inventer des besoins.

Infirme

Sans bateau, je suis infirme.

Insouciant

Je suis assez insouciant car je refuse d'avoir des soucis. Je ne me fais pas de « sang d'encre ».
J'ai la conscience aiguë qu'il n'y a que la maladie et la mort de graves. Tout le reste, il faut s'en moquer, relativiser.
Tant que l'on n'est pas en train de perdre quelqu'un que l'on aime, tout va bien.
Je suis l'opposé biologique du *buzz*. La génération du *buzz* accorde de l'importance à tout ce qui passe. Elle est très impressionnante cette nécessité d'accorder de l'importance à des choses qui n'en ont aucune. C'est un peu comme si les gens avaient perdu le sens de leur vie – pour autant qu'elle en ait un.
Leur vie n'a pas de sens, donc leurs préoccupations n'en ont pas. Comme s'ils s'écartaient du chemin de leur vie.

Intellect

Les grandes capacités intellectuelles d'un certain nombre de cons parfaits les font passer pour intelligents alors même qu'ils ne le sont pas.

Intellectuel (L')

Individu auquel le sport n'a pas réussi à faire admettre l'inutilité de la pensée.

Intuitif

Je suis très intuitif. Quand je ne sens pas quelque chose, je décroche. Et je fais confiance à mon intuition.
L'intuition, c'est la capacité innée à sentir les ondes positives et négatives. C'est ce qui, à un moment donné, détermine la décision.
Ce que l'on nomme intuition, c'est la conséquence d'une analyse qui est d'abord sensible.
Il y a des choses que je ne « sens » pas.

J

Jalousie

Le rapport que A entretient avec B n'a rien à voir avec celui qu'entretient B avec C. Alors si A et B sont soi-disant amoureux et que B couche avec C, c'est le problème de B, pas celui de A. La jalousie n'est pas mon problème. Ce type d'amour-là, je l'ai quitté depuis longtemps... ça ne m'intéresse pas.
Si moi, A, je suis amoureux de B, la seule chose qui me captive, c'est le rapport que j'ai avec B, pas celui qu'elle a avec C ou D... Que m'importe !

Joie

Le fait de percevoir ce qui m'entoure (les éléments) est une source de joie et de plaisirs.

K

Kalachnikov

Inventeur russe d'un ustensile bruyant dont l'utilisation non restrictive peut faciliter la docilité d'un interlocuteur rétif.

Kilo

Gagné sans le vouloir, perdu à tout prix, c'est le mot le plus malmené du siècle.

L

L’autre

J’ai découvert que l’autre existait quand j’avais une cinquantaine d’années. Avant, l’autre existait de fait, mais pas plus que la voiture immatriculée dans la Nièvre que je voyais dans la rue. Il faisait seulement partie du décor. Et pas davantage. Comme des bouquins dans une bibliothèque murale.

Et un jour, dans la solitude, je me suis dit que peut-être l’autre existait. C’est de l’égoïsme, sans doute. J’étais tellement préoccupé par l’action que l’autre était soit un allié soit un ennemi et qu’il devait être balayé ou battu.

J’ai mis longtemps à intégrer que l’autre pouvait avoir des chagrins et des rêves. Quand on marche dans la foule, on ne voit qu’une fille avec un manteau marron, un type avec une casquette, un vieux avec un parapluie, etc. Et on ne s’arrête pas *sur l’autre*. Donc j’ai marché sans vraiment regarder.

En vieillissant, donc, j’ai découvert l’autre. Sans passion d’ailleurs.

Leçon

Je ne suis pas un donneur de leçons. J'ai eu tellement de mal à apprendre les miennes que je ne me suis jamais imaginé adulte avoir le mauvais goût d'en donner.
J'exècre les je-sais-tout-de-cabinet.

Légende

Jadis, en Bretagne, les marieurs allaient d'une ferme à l'autre pour chercher une épouse ou un époux pour untel ou untel. Si, sur le chemin qui allait vers la mariée ou le futur marié, le marieur rencontrait un couple de pies, il n'allait pas faire la proposition. Le signe était négatif. Ici, la légende vient fortifier des croyances, interrompre des comportements. J'adore ça. C'est l'ignorance, d'une certaine façon, qui suscite ces comportements. Mais j'aime que l'ignorance se fabrique des tabous qui sont des religions.
Dans tous les pays un peu primitifs, c'est le cas.
Dans le temps, *pen duick*, la petite mésange à tête noire, allait nicher, l'hiver, dans les bateaux désarmés – ils l'étaient car on n'allait pas à la pêche en hiver, c'était trop dangereux et les embarcations étaient réarmées au printemps. Eh bien, si la mésange avait fait son nid, on attendait que toute la couvée soit partie pour réarmer le bateau. Et pourtant, on avait besoin de pêcher au plus vite, c'était un monde sans argent. Pour autant, on respectait, on ne dérangeait pas les mésanges, signes porte-bonheur. J'aime que l'on soit attentif et respectueux de ces croyances. Tout à coup, on laisse le

temps aux animaux. J'aime cette vie entremêlée entre les hommes et la nature.
J'ai laissé, chez moi, les fenêtres ouvertes de mon grenier car des chouettes hulottes venaient s'y installer.

Liberté

La liberté, elle est comme l'oxygène. Il y a ceux qui en manquent et ceux qui veulent nous la prendre. Moi, je n'en manque pas et je ne veux la prendre à personne.

Livre

Au féminin, c'est la moitié d'un kilo ; au masculin, c'est vraiment dur à écrire.

Luxe

Ce que j'ai toujours trouvé intéressant dans le luxe, ce n'est pas le luxe en soi – que j'ai toujours regardé de façon équivoque –, mais ceux qui le fabriquent parce qu'ils sont intéressants. Les artisans, par exemple, qui font qu'un palace soit un palace – des barmans aux portiers, des femmes de chambre aux cuisiniers –, ne peuvent exister que parce qu'ils sont les meilleurs dans leur art.
Quand quelqu'un entre dans un palace, comme il a les moyens d'y rentrer, c'est qu'il a les moyens d'en ressortir.

C'est un client fragile. Autour de lui, pour le retenir, s'organise un monde qui est celui du luxe qui va de la création du petit-déjeuner à celui du décor, et de la façon de taper sur le bouton de l'ascenseur à la disposition des couverts sur la table de la salle à manger. Il y a derrière tout cela un *modus operandi*, le goût d'une excellence.

M

Mai 1968

À propos de ces événements, tout le monde ne parle, à bon droit, que de la rupture sociale, *sociétale*. Et elle fut réelle mais elle ne résulte pas de « mai 1968 ». Les individus qui avaient vingt ans en 1944 en avaient quarante-quatre en 1968 : si bien qu'une génération est passée avec tout ce que cela représente d'abandon de culture, de choix, de rêves.
J'ai vraiment eu l'impression que notre monde avait basculé. En 1960, l'économie bat son plein, on vend des Aronde bicolores... En 1970, il se passe autre chose qui, au fond, n'a rien à voir avec 1968. L'économie a changé radicalement.
L'autre monde est arrivé bien avant que quelques étudiants n'aillent hurler sur les barricades. C'est d'ailleurs, me semble-t-il, parce que ce « nouveau monde » est arrivé que quelques-uns vont monter sur les barricades et pas l'inverse.
J'entendais il y a peu à la radio : « Mai 1968, c'est l'abandon du père » – le père ici étant représenté par le général de Gaulle. C'est assez juste, dans le fond. 68 marque la fin du *pater familias*.

Depuis 1960, le plein-emploi règne. 1968 est une révolte de petits-bourgeois.

Mariage

Je suis pour dans la mesure où il faut faire les choses à fond. Ce que je considère comme important, je me donne le mal de le faire à fond. Ensuite, si ça ne marche pas, c'est le destin.
Je me suis marié deux fois avec le même bonheur. J'en suis fier. L'amour est tellement une chose extraordinaire qu'il faut se donner la chance que ce soit merveilleux. Aller au bout, plein pot !
Et puis, d'un point de vue religieux, se marier, c'est obtenir la grâce du sacrement – au sens étymologique du terme. Et j'y suis sensible.
Autre chose : le corps social que nous sommes tous obligés de fréquenter ne s'adressera pas de la même façon à notre femme selon que nous sommes mariés ou non. Donc, se marier, c'est la protéger.
De là à dire que j'ai respecté à la lettre toutes les contraintes du mariage... Mais qu'importe : on peut être au départ des 24 heures du Mans sans pour autant finir la course ! On a tous droit à l'accident. C'est dans la nature humaine.
Lorsque l'on est persuadé que l'amour va durer, il ne faut en aucune façon hésiter et se marier. Sans quoi, c'est dommage.
Je fus marié vingt-sept ans avec ma première femme. Je pensais que, comme je faisais un métier dangereux, si je

disparaissais, la mère de mon fils devait hériter de mes affaires et poursuivre l'éducation. J'avais à cœur de protéger tout le monde. Et je m'en flatte.

De la même façon que je me suis trouvé plus riche qu'Onassis quand j'ai appris sa mort – j'avais le temps, cet or pur et pas lui –, je me suis marié en me disant que je préférais vivre avec cette femme plutôt que de toucher un milliard de dollars. Je n'ai jamais mal vécu mon choix, bien au contraire. Une aubaine, une vraie chance. Chance consciente.

Ma première femme avait été abandonnée très jeune par son père. Et je l'ai en quelque sorte « adoptée » – elle n'avait vécu qu'avec des beaux-pères. Alors, comment dire ? Je l'ai admise dans mon clan. Elle en faisait partie. Intellectuellement, comme je l'ai souvent confié, je ne suis pas clanique mais biologiquement je le suis. C'est mon côté animal – assez inexplicable.

C'est parce que je n'ai pas peur que je suis pour le mariage – ceux qui ne veulent pas se marier ont peur. Ayant été assez aventureux sur mer, je le suis aussi dans la vie à terre ! Je n'ai pas peur de dire à une femme que je vais l'aimer jusqu'à la fin de ma vie. Il me semble que c'est un vrai projet. Et comme je pense que l'amour n'est pas quelque chose de léger ou de méprisable, je trouve héroïque de défier la force de l'amour. C'est fort, puissant, jamais vulgaire. Il naît, à partir de là, une confiance forte. De même que, on n'imagine pas l'infini, on peut se contenter d'imaginer l'absolu, on peut se dire qu'un jour on va décider que l'amour qu'on va avoir pour l'autre va être absolu. Intellectuellement, il est respectable de donner à ses pensées de la densité. Et

je suis assez fier, pour tout dire, d'avoir projeté d'aimer quelqu'un de façon absolue.
Je le répète, j'ai voulu protéger ma première épouse. Mon métier (dangereux) était d'être absent, son destin était presque d'être veuve, il me fallait la mettre à l'abri du danger. Je n'allais pas la laisser sur le bord de la route. Cela fait selon moi partie des règles. L'homme tel que je le conçois – pas l'homme moderne préoccupé de donner le biberon et de pousser le landau – doit protéger et construire la forteresse. J'ai toujours pensé, au plus profond, qu'il y avait nécessité de protéger, et le mariage, pour la femme, participe de cette protection.
Le mariage est, certes, un sacrement. Pour autant, il n'est pas sacré. Il est ce que les mariés vont pouvoir en faire. Dans le monde que j'ai perçu, il me semble cohérent et je le recommande.
Quand on aime vraiment et que, par conséquent, on veut s'occuper de chérir l'autre, alors il faut se marier, aller au bout du rêve. Voilà une vraie aventure.

Maturité

On ne mesure pas tout ce que les femmes apportent aux hommes et qui est absolument colossal.
Une fille a, en général, dix ans d'avance en maturité sur un garçon.
J'ai souvent écouté profondément des femmes que j'aimais bien m'expliquer des choses auxquelles je n'avais même pas accès intellectuellement. Plus tard, en regardant dans

le rétroviseur, je me suis rendu compte qu'elles avaient raison et que leur acuité, leur lucidité étaient totales.
J'ai plus appris par les femmes que par les hommes. C'est incontestable.

Maudit

En mer, comme sur la terre, il y a des endroits maudits.

Mécanique

C'est passionnant la mécanique, j'adore ça. Soulever le capot d'une voiture, c'est extraordinaire. Le bruit, les odeurs… La mécanique, c'est de l'intelligence appliquée – il n'y a pas de sophisme.
Aller au musée de l'automobile au Mans, se rendre compte des évolutions du bloc-moteur… Tout cela me comble.
Mon sport est un sport mécanique. On a beaucoup travaillé là-dessus – je pense notamment au pouliage, aux roulements.
Si j'avais du temps, je passerais bien des journées dans un atelier de mécanique à démonter des moteurs, à me faire expliquer tout cela dans les détails.

Médiocrité

C'est le reflet d'une faiblesse.

Mensonge

Je trouve que c'est intellectuellement fort vulgaire selon le principe que « la vérité a une telle allégeance qu'elle ne peut être anéantie ». Le mensonge est une affaire de ploucs et de faibles.

Notre cerveau a tellement besoin de s'approcher d'un certain nombre de vérités que tout individu qui sème sur ses traces des mensonges brouille le message de l'essentiel, lequel essentiel vise notre accomplissement et notre intelligence du monde.

Le mensonge me met mal à l'aise. Les forts n'en ont pas besoin, c'est une vérité.

Peut-on tout dire ? C'est un choix philosophique. Le « pouvoir » et le « devoir » ici sont une seule et même chose. Doit-on tout dire ? Je ne suis pas certain.

Mais je crois que beaucoup de mensonges nous plongent dans l'errance.

Il est difficile à un cœur pur de se faire systématiquement complice du mensonge. Partant de là, nous ne sommes que des hommes.

Le mensonge sème toujours un certain brouillard sur le jugement et sur l'appréciation de la réalité.

C'est assez agréable de pouvoir s'appuyer sur des bases qui ne sont pas facilement mises en doute.

Mépris

C'est ce dont ont besoin les faibles pour se sentir forts. Je n'ai pas besoin de ça. C'est une forme de maladie. Nous ne sommes pas obligés de priser mais mépriser, c'est odieux. C'est rabaisser l'autre. Et quand l'autre est rabaissé, c'est qu'il n'a pas été analysé, regardé car, pour peu que l'on réfléchisse un peu, aucun individu n'est *rabaissable*. Nous appartenons tous à l'histoire de l'homme.

Le regard que nous portons sur notre espèce ne doit pas se servir du mépris, user du mépris. Le pire des criminels appartient à l'histoire de l'homme même si c'est l'histoire qu'on ne veut pas voir. Il faut penser aussi à ceux qui sont devenus criminels parce que leur cerveau n'avait pas d'autres issues que le crime – ce qui signifie qu'ils vivaient dans une impasse mentale lourde.

Ce n'est pas parce qu'on va mépriser les criminels que cela va faire de nous quelqu'un de mieux.

Ceux d'entre nous qui ratent, fraudent, se trompent, fautent ne sont qu'une partie de notre nature profonde. Ceux qui brillent sont, à rebours, dépositaires du merveilleux de l'homme. C'est sur cela qu'il faut braquer le regard et non pas mépriser les autres.

On voit bien ceux qui se construisent sur le mépris de l'autre ; ils ne bâtissent que de la médiocrité.

Migrants

Je sais pertinemment que, dans toute l'Europe, personne n'a envie de voir arriver les migrants. Et pourtant, selon moi, chacun fait une erreur.

Regardons ce que fut l'Europe depuis 1900. Mes grands-parents ont eu à payer pour l'Europe, ils ont assumé toutes les conséquences de la Première Guerre mondiale. Mes parents ont payé toutes les conséquences horribles de la guerre de 1940. Moi, je suis né en 1944, je n'ai eu à m'acquitter de rien – comme ceux de ma génération. Et je suis en train de me dire que peut-être, l'immigration, c'est ce que mes enfants et moi devons payer ? N'est-ce pas l'effort qui nous est demandé ? Et cet effort n'a rien de négatif. On doit pouvoir le concevoir de façon digne, cohérente et sensée.

Sans doute que le challenge des Européens d'aujourd'hui qui ne se font plus la guerre, enfin, c'est de prendre part à cette guerre économique et d'y participer avec humanité et bon sens.

Comme nous n'avons pas eu à payer des horreurs, ma génération et celle qui suit doivent pouvoir se donner un peu de mal pour recevoir ces migrants.

Mort

La mort de ceux que l'on aime est terrible car ils font partie des lumières de nos vies. Chaque mort est une lumière qui s'éteint. On peut vite se retrouver dans le noir. Quand on

arrive à mon âge, on sait que bientôt on finira dans l'obscurité, la pénombre.
Les gens que nous aimons, c'est du charme – comme la température ou l'odeur.
Les gens que nous aimons, rien que de savoir qu'ils existent rend la vie belle. Leur disparition donne une drôle de dimension aux jours qui restent à vivre.

Mortalité

Pour être tout à fait franc, je trouve que ce n'est pas un joli projet.

Mot

Il y a des mots qui, avec le temps, deviennent horribles, ils sentent le graillon. Tiens, « convivial », c'est effrayant. Il est employé par des moustachus qui parlent de fêtes champêtres ! Horrible. Les gens qui ont un peu de raffinement n'utilisent pas de semblables mots. C'est aussi ringard qu'il y a trente ans l'expression « il est sympa ». Sauf que « convivial » a vieilli encore plus vite car il est employé par davantage d'individus qui mettent ici des espérances de fraternité qui n'existent évidemment pas.
Il y a des mots qui s'usent et se déglinguent à force d'être prononcés. Tous les mots à la mode vieillissent prématurément et précisément parce qu'ils sont à la mode. Les mots à la mode d'il y a cinquante ans sont aujourd'hui

ridicules. Et les mots à la mode d'aujourd'hui ont déjà dans leur sillage le ridicule qui va les rattraper. Ce principe est permanent.
« Truc de ouf » est déjà fini, ruiné, usé.
J'ai horreur du langage abrégé, de la langue écorchée. On va au « resto ». Horreur. Et tous ces mots compressés : les types qui appellent la grand-voile la « GV »... Ridicule. Il y a une sorte d'initialisation de familiarité des médiocres avec des mots qui les dépassent. Idem pour tout le vocabulaire néo-branché.
Rien n'est plus beau qu'une belle langue. Et la française est belle avec toutes ses nuances. La génération cultivée de mes parents devait parler huit mille mots. J'en parle, quant à moi, deux mille huit cents, c'est un maximum, et les jeunes gens d'aujourd'hui six cent cinquante dans lesquels « top » et « cool » remplacent des nuances utilisées jadis dans la langue. Il y a un distributeur automatique d'expressions nulles et non avenues.
Quand j'entends parler mes contemporains de la génération qui me précède, je suis admiratif.
Il n'y a pas de pensée sans langage. Aussitôt que ce dernier est abrégé, la pensée l'est autant, à proportion.
Plus on dispose de vocabulaire, plus on peut exprimer la richesse de sa pensée.
On devrait faire beaucoup plus attention au langage.
La mauvaise histoire du langage, c'est l'anglais ou l'américain. Je m'explique. Dans un pays comme l'Amérique qui a inventé plein de choses et que j'aime beaucoup, tous les diplomates américains ne parlent que l'anglais. À rebours, tous les diplomates russes parlent la langue du pays où

ils se trouvent. Je vais pouvoir expliquer à un Américain certaines choses mais pas toutes car mon anglais n'est pas assez riche. Ainsi, il va avoir reçu une information assez pauvre et va, par conséquent, transmettre quelque chose d'erroné. Mais si je parle à un Russe dans ma langue, les choses seront transmises avec nuances et précisions. Résultat : souvent la diplomatie américaine est à côté de la plaque.

À un moment donné, j'ai voulu tourner des images sur la Polynésie et très vite je me suis rendu compte que si je voulais capter, capturer l'âme polynésienne, je devais immanquablement en passer par la langue. En tahitien, les gens allaient m'exposer des nuances, des élans, des tendresses, des refus qu'en langue française ils ne pourraient pas m'exprimer.

Si je suis si intéressé par la richesse du langage, c'est qu'elle est liée à celle de la pensée. Et la pensée devient fragile dès qu'on aborde les thèmes de l'émotion, laquelle émotion est ce qui fait adhérer ou non à telle ou telle forme de civilisation. Les Polynésiens, sur ce clavier de l'émotion, si je les avais interrogés en anglais, par exemple, m'auraient répondu par des « *yes* » ou des « *no* ». Or la vie, c'est tout sauf « *yes* » ou « *no* ».

À partir du moment où l'on réagit sous la forme du « oui » ou du « non », on s'enferme dans un camp auquel on n'appartient pas vraiment.

La vie, ce n'est pas ça, c'est beaucoup d'autres choses subtiles, de moments à passer...

J'aime le vocabulaire riche car, grâce à lui, de temps à autre, je me rends compte à quel point ma pensée est pauvre.

Il y a plein d'expressions que je n'entends hélas plus – ou si rarement –, mais que j'adore. Tiens, par exemple, pour des gens qui ne peuvent pas se voir : « Ils sont à couteaux tirés. »
Quand, au hasard d'une conversation, j'entends l'une de ces expressions bénies, c'est un moment de bonheur presque sensuel.
« Bête à manger du foin », c'est magnifique.
De la même façon que tout le monde s'habille semblablement, tout le monde parle le même langage. Il y a uniformisation. Et l'uniformisation se fait rarement par le haut. La loi du nombre gouverne.
Comme on méprise les élites – d'une manière générale –, on a cru bon de rester simples en devenant grossiers, je veux dire non raffinés. D'ailleurs, aujourd'hui, le raffinement est devenu suspect. Or, le raffinement est magnifique justement parce que c'est de la pensée qui a été pensée. Raffiner, c'est passer plusieurs fois dans un tamis, dans un filtre. Ce qui est raffiné, c'est une pensée qui est passée plusieurs fois dans la réflexion. Laquelle aboutit à une texture plus souple, plus brillante, plus proche du *réel*.

Mots (de la mer)

Dès que la situation est compliquée, les mots de la mer sont confisqués par les politiques et autres baratineurs : « Il va falloir tenir le cap », « Il faut faire le dos rond dans la tempête », « prendre le large »...

Mou

Tout doit être mou car la nature humaine s'accommode assez bien des choses molles. Élastiques. Fluides.
Quand j'entends les politiques dire : « Il faut que... », j'ai envie de m'enfuir. Cette rigidité est contre-productive.
La nature est souple, elle s'adapte.
Les exigences et les systèmes sont invivables. Les Saint-Just sont invivables. Tout ce que l'homme crée et qui, précisément, ne tient pas compte de la nature même de l'homme est impossible.
J'aime bien quand il y a un peu de bordel ! Les trains qui arrivent à l'heure n'ont pas d'histoire. Or, j'aime bien les histoires... les grains de sable dans la logique...
J'aime les grains de sable dans l'organisation du monde.
Il y a beaucoup de choses organisées qui ne sont que du fard à foireux.

Musique

La musique ne me procure rien, aucune émotion. Elle me gêne. C'est comme si on me salissait l'oreille. Je n'écoute jamais rien. Je la supporte quand je vois un type jouer devant moi parce qu'alors c'est le plaisir visible du joueur qui fait que je peux trouver ça bien.
Je n'ai pas accès à un certain nombre de choses – depuis que je suis enfant – et je n'ai jamais accepté d'en souffrir. Je n'ai donc pas accès à la musique.

Nous sommes nombre d'hommes et de femmes à ne pas avoir accès à telle ou telle chose. Rien de dramatique ici. Les gens qui n'ont pas été aimés ont beaucoup de mal à aimer par exemple. Il y a des formes d'éducation qui ne permettent pas l'accès à certains sentiments. J'ai reçu une éducation très stricte, laquelle m'a permis de bien vivre ensuite parce que je n'en ai fait qu'à ma tête. C'est bien de n'en faire qu'à sa tête.

On est similaires mais nous ne sommes pas semblables. Tous ceux qui disent le contraire sont des menteurs. Le plaisir de l'autre, les joies de l'autre sont souvent loin de nous. Qu'est-ce que c'est que le cerveau de celui qui n'a jamais vu la mer, par rapport au cerveau moyen d'un Breton qui habite au bord de l'eau et pour qui, tous les jours, la marée, les couleurs de la mer sont essentielles ?

Moi, j'ai habité un monde sans musique.

Et un Tchétchène polyvalent n'a pas accès à la marée haute.

La seule musique à laquelle je sois sensible, c'est la musique de la vie. J'aime cette bande-son autour de moi.

N

Narcissisme

À mon avis, je me sous-estime énormément !

Nature

J'aime la nature parce que j'en connais les symptômes, les signes et les charmes. La nature, lorsque l'on est enfant, a une puissance magique. C'est un monde extraordinaire que l'on découvre en se promenant dans les champs, les prés, au bord de la mer… Voilà une chose qui enchante et à laquelle on accorde de *l'inexplicable*. La première fois qu'un enfant découvre un nid rempli de petits oiseaux qui ouvrent le bec, ça lui semble hallucinant.
C'est très beau la première nuit dans un bois… Le bruit des chouettes. Cette vie de la nuit dans un bois est émouvante et forte.
La façon dont les hirondelles volent le soir donne une idée du temps qu'il va faire le lendemain – en fonction de l'altitude des pucerons. Si tout le monde vole à trois cents

mètres, il va faire beau, si le temps est à l'orage, les oiseaux et leurs proies (les pucerons en question) sont au ras du sol.
La nature nous dit mille choses si on sait l'observer, la décoder.
Quand le printemps va arriver, je ne vais jamais sortir sans deux pièces de monnaie sur moi car si j'entends le coucou pour la première fois de l'année et que j'ai de la monnaie sur moi, je sais que j'aurais de l'argent toute l'année. Magnifique. J'aime ce monde qui s'invente des excuses, des légendes, des contes... ça accompagne de façon *culturello-naïve* la vie.
Quand je suis dans les bois, j'arrête mon tracteur, le silence se fait et, soudain, les oiseaux sortent de partout – enfin, c'est de moins en moins vrai car j'ai pu constater qu'au moins un tiers des oiseaux avaient disparu... Bergeronnettes, verdiers...
Tous les mondes où la nature a encore sa place me conviennent parfaitement. D'où mon attachement à la Polynésie.

Navigation

C'est ce que j'ai le plus aimé de ma vie. Et de loin. Et à tous les points de vue. J'ai adoré l'exigence de la navigation, le décor. J'ai adoré la liberté que la navigation offre.
Je me souviens que le 11 septembre 2001, j'étais en mer avec mon équipage en route pour New York sur *Géronimo* – nous allions tenter le record de l'Atlantique. Nous

percevons à bord que c'est le dernier endroit où il s'agit de mettre les pieds – et pour cause. Dans la seconde, j'ai dit : « On vire. » Et hop, changement de cap. Liberté. Je n'ai rien eu à demander, j'ai décidé, j'ai eu toute latitude de continuer ou de renoncer.
Je n'ai rien connu de mieux que de naviguer. Des moments délicats, il y en a peu si on fait le ratio, au final, entre le nombre d'heures de lumière et de gloire et les moments plus sombres, plus noirs. En revanche, les heures noires le sont vraiment. Ce qui souligne la notion de fragilité de ce que nous vivons. Voilà, d'une certaine façon, la vertu des heures difficiles et tragiques même si elles sont rares.

Nombre

Quand j'étais petit, nous étions deux milliards sur la planète. Aujourd'hui, nous sommes sept milliards. Il n'y a plus d'endroits déserts sur la planète. Aujourd'hui, dans les déserts, on fait des rencontres à chaque carrefour de dunes.
Il n'y a plus d'espace où il n'y a personne.

Nostalgie

Je n'ai aucune nostalgie. Parfois, dans le fond de mes réflexions, j'aimerais retrouver des lumières, des odeurs, des instants vécus qui ont été heureux mais c'est très bref.

On a des nostalgies lorsque l'on a vécu une enfance heureuse. Mais ce ne fut pas mon cas.
L'enfance heureuse, c'est ce moment idiot dont on n'est pas conscient et dont le souvenir va pourrir tout le reste de notre vie. Je suis bien protégé de ça.
Les gens qui ont eu des enfances heureuses ont en permanence la larme à l'œil.
Moi, j'ai été heureux dès lors que je n'ai plus eu d'enfance. Je n'ai pas été vraiment heureux, je ne comprenais pas le monde dans lequel je vivais, je n'ai jamais été heureux dans la contrainte. Je voulais à toute force qu'on m'oublie.

O

Obéir

Quand on sait obéir, on sait commander.

Odeur

L'argent a une odeur – contrairement à ce que l'on dit. Rien n'a plus d'odeur que l'argent. Il y a de l'argent maudit, sans aucune innocence.

Oisiveté

J'adore. J'ai des rendez-vous avec moi. Je peux faire des kilomètres (des miles) pour aller retrouver une lumière, seulement une lumière, rien qu'une lumière.

OLIVIER DE KERSAUSON

Oser

Oser, avec l'autre, c'est déjà l'aimer d'une certaine façon, c'est l'emmener, l'entraîner dans un endroit où je lui accorde la possibilité de venir avec moi. C'est lui ouvrir un horizon, un décor.

P

Pacifique

Il est immense. Quand c'est immense, il y a moins de monde, et quand il y a moins de monde, c'est mieux !
Et puis, jusqu'en 1970, c'était très loin… le bonheur…

Paradis

L'image, selon moi, du paradis est celle-ci : j'ouvre ma fenêtre le matin et il n'y a personne à deux cents kilomètres à la ronde.
On profite bien de la nature lorsqu'on est seul parce qu'il n'y a pas le bruit des autres.
Si on traverse un bois avec une troupe ou seul, on ne traverse pas le même bois, le même monde.

Parents (Mes)

Je viens d'un monde archaïque. Mes deux parents étaient orphelins de père, ils ont vécu dans le souvenir du disparu, élevés par des veuves ayant vécu dans le souvenir du disparu, donc ils furent élevés comme ces veuves le furent elles-mêmes en 1870.
Nos parents nous élevaient en 1944 comme on élevait les gens en 1870.
Quand il n'y a que des veuves et du chagrin, la société se fige. Quand les hommes reviennent de la guerre, elle peut continuer à évoluer.
Lorsque nous allions, gamins, chez des copains, il y avait toujours la photo du père ou du grand-père rayé d'un bandeau noir dans le salon.
Et puis tous ces gens qui portaient le deuil: un brassard noir pendant plusieurs mois.

Paresse

J'aime ne rien faire. J'adore l'image de cet animal que l'on nomme paresseux et qui met un quart d'heure à accrocher la branche.
Quand je ne fais rien, mon esprit divague, il est suspendu.
Voilà du temps précieux. J'observe.
C'est une qualité la paresse. À quoi bon !
La paresse est un voyage quand tout le monde s'excite de tous les côtés.

Parfois j'ai l'impression que nous sommes utiles dès lors que nous ne faisons rien. Parce qu'alors la rêverie vient, le cerveau s'échappe et peut enfin se mettre à penser aux vraies choses de la vie. Or, quand on pense à ces vraies choses, c'est toujours avec une énorme légèreté, la promenade est aérienne. On n'est pas crispé sur ses rêves et ses bonheurs

Parole

Lorsque j'avais dix ans, j'ai cessé totalement de parler pendant un an parce que je m'étais rendu compte que cela ne servait à rien ! Depuis, j'ai appris à parler parce que je me suis rendu compte que ça pouvait rendre de petits services mais ça s'arrête là. Dans le fond, je pourrais très bien recommencer comme lorsque j'étais enfant et me remettre à refuser de parler. Parfois j'y pense. Quand je suis dans une discussion avec des gens, au milieu d'une phrase, je me dis : et si je m'arrêtais de parler pour toujours. Oh oui, j'ai envie. Ça me tente.

Pauvres

Individus en grand nombre qui n'empêchent pas les riches de dormir.

Péché

Quand on est petit, on tombe, on sombre dans le péché. Notre destin d'enfant consiste à tomber dans le péché – du moins, c'est ce que la religion nous explique. En revanche, on ne nous dit jamais bravo pour toutes les fois où nous résistons. Ce n'est pas juste ! Or, nous sommes des héros en ne faisant pas toutes les saloperies que notre imaginaire nous propose.
Ce sont toutes les tentations auxquelles nous avons su résister qui font de nous des surhommes.
Ce n'est pas le fait de tomber une fois ou deux dans le péché qui font de nous des misérables.
Sur cette question, les catholiques sont ringards, pas dynamiques. J'ai toujours pensé qu'on aurait dû me féliciter pour toutes les conneries que je n'ai pas faites.

Pendant

Quand on cherche vraiment à se faire une idée de ce qu'on va faire dans « le pendant » de la vie, on n'a pas le temps de penser à « l'après ». C'est incompatible.

Perdreau

Arletty était souvent à Belle-Île à une époque Elle avait déclaré : « Regardez Olivier de Kersauson : il part faire le tour du monde, pourtant ce n'est pas un perdreau de l'année. »

Père

J'ai été un père absent, toujours en mer. Mon fils fut élevé comme 90 % des fils de marins ou de militaires, par une femme seule la plupart du temps.
Les enfants sont l'affaire des femmes, pas l'affaire des hommes. Ce sont les femmes qui fabriquent les enfants, l'homme donne l'impulsion et retourne à ses travaux. Ce sont les femmes qui les élèvent – les hommes prennent le relais, si j'ose dire, quand les bambins ont l'âge de raison. Mais avant, rien.
Être père, ce n'est pas grand-chose. Honnêtement. C'est assurer la substitution biologique et financière au projet féminin de maternité.
D'ailleurs, lorsque je parle avec des femmes, elle trouve le désir masculin d'enfant suspect. Dans leur tête, il s'agit de LEUR désir.
La maternité, c'est la magie de la femme. Elle vit cette aventure magnifique, en elle, pour elle... Je pense que les hommes n'ont pas à se mêler de ça, ni de près, ni de loin. Ceux qui assistent à l'accouchement n'ont rien à faire là. Dans la Bible, l'enfant est présenté au septième jour au père.
Assister à l'accouchement, c'est aussi indiscret que de regarder par-dessus l'épaule de quelqu'un qui écrit.
Il faut respecter l'histoire de la femme. Elle va accoucher avec sa mère, sa sœur, que sais-je... Elle n'a pas besoin d'un crétin qui tremble dans le couloir. De toutes les façons, il ne peut rien faire.

Un jour, un de mes hommes d'équipage me dit : « Il faut que je débarque, ma femme va accoucher. » Je lui ai aussitôt répondu : « Tu es médecin ? »
Beaucoup de femmes ne veulent pas que les hommes viennent à leur accouchement. Elles souhaitent garder ce secret pour elles.
Bref, les individus qui vont à l'accouchement de leur femme me mettent mal à l'aise.
Dans la maternité, il y a quelque chose d'extraordinaire. A-t-on besoin d'expliquer tout cela dans le détail ? Quand on assiste à un feu d'artifice, qu'il est tiré, on voit la lumière, on ne sait rien de la pression qui fait démarrer telle ou telle fusée. Eh bien, la naissance est un feu d'artifice dans le ciel. Les détails techniques ne nous regardent pas, nous, les hommes. Mais il demeure qu'il faut évidemment profiter du spectacle, de ce moment absolument merveilleux.
C'est ma vision. Elle est, sans doute, encore une fois archaïque mais c'est la mienne.
Les hommes sont au bistrot pour fêter la naissance et c'est extraordinaire. Tout d'un coup, on nous présente un bébé ! Et c'est comme au tribunal, on se dit : « Tiens, je vais en prendre pour trente ans. » Mais c'est bien ainsi.
Voilà un domaine, le rapport des hommes à la maternité, où je ne suis pas obligé de partager la pensée contemporaine, où je n'ai pas de leçons à donner et où je n'ai pas de leçons à recevoir. Seule compte la façon dont je perçois cette affaire et l'émotion qu'elle suscite en moi.
Ce que j'ai adoré, c'est la présentation de l'enfant. C'est comme quand je revenais d'un tour du monde, ma femme me disait en quelque sorte : « Voilà ce que j'ai fait. »

Emmener l'homme dans cette aventure est sans objet. Il n'est pas là pour être dévalorisé. Il ne faut pas dévaloriser son conjoint.
L'histoire intime d'une femme qui enfante, nous ne la connaîtrons jamais. Et nous n'avons pas à la connaître.
Un enfant, ça ne se fait pas à deux, mensonge. Ça s'éduque à deux, ce n'est pas la même chose ! Les femmes font seules les enfants, ce sont elles qui merveilleusement portent cet espoir. Les hommes, à côté, ne portent rien.

Peur

J'ai assez peu de peurs. Il y a le raisonnement vis-à-vis de la peur que je connais assez bien – j'ai vécu des choses assez dures.
Le père du shah d'Iran, Mohammad Reza Pahlavi, avait une formule que j'aime beaucoup : « N'aie jamais peur de rien. »
La plupart des sentiments se tiennent dans le cerveau ou dans le cœur. La peur, c'est dans le ventre qu'elle se tient. Dans la tripe. D'où l'expression : « Il a des tripes. »
La peur nous rend idiots.
Chez mes contemporains, elle fait partie de leur survie. C'est au nom de la peur qu'on ne fait pas les choses. Principe de précaution et autres balivernes de la civilisation qu'on nous propose.
La peur ne peut être que méprisée selon moi, c'est le pire de nous. C'est accepter d'être faible. Or, nous ne sommes

intéressants que dans la mesure où nous refusons d'être faibles.
La peur, c'est la négation de la beauté de l'humanité.
Notre monde est basé sur la peur – de vieillir, de mourir, de ne pas être aimé, peur d'être pauvre.
Dans l'argumentaire social d'aujourd'hui, il y a davantage de mouvements déclenchés par la peur que par le courage. C'est un comble. Or, la beauté de notre humanité, c'est son courage, en rien sa peur.
La peur n'ouvre que des portes qui mènent sur des impasses. Mais la chance ne sourit qu'aux audacieux.
La peur, c'est d'emblée accepter la médiocrité des choses, c'est insupportable intellectuellement. Le courage, lui, suppose une question : que vais-je entreprendre afin d'être moins médiocre ?
Au demeurant, je peux comprendre la peur : entre les mains de la Gestapo à vingt ans, on parle ou pas ? Moi, j'imagine que je parle tout de suite. Dans la torture, j'ai compris que l'idée de la souffrance faisait autant souffrir que la souffrance elle-même.
La peur peut rendre fou, elle ne permet pas de construire des choses intelligentes, elle n'est en rien *motrice*.
Depuis la guerre de 1940, nous n'achetons que de la peur, nous sommes des gros acheteurs de peur – sinon, pourquoi être assurés ?
On est même obligés d'être assurés, comme s'il était interdit de ne pas avoir peur. C'est extraordinaire, quand même ! Surréaliste, non ? Le principe de précaution interdit d'avoir peur. Société de mauviettes !

Plaindre (Se)

La plainte, c'est la perte de temps. C'est une façon d'exister aujourd'hui, bien davantage que l'action – voici qui est pour le moins surprenant.
Certains individus n'existent que par la plainte.
Moi, j'avais compris que pour changer le monde, il fallait agir. Mes contemporains ont compris qu'il s'agissait de se plaindre. Donc non plus agir mais *faire agir*.
Se plaindre, au sens large, c'est revendiquer. Tout le monde revendique aujourd'hui quelque chose : les médecins, les femmes, les hommes, les pharmaciens...
Chacun pense qu'il a davantage de droits que de devoirs – et cela fait quarante ans que ça dure. C'est à partir de là que je date la bascule.
La question ne se pose plus qui consiste à se demander quelle société nous allons choisir. Cette interrogation est dépassée depuis longtemps. Nous sommes *over*.
Notre monde me gêne dans la mesure où je ne comprends pas où il va. Il n'y a rien dans le désir d'aujourd'hui qui va permettre d'anticiper ce que sera demain.

Plaisir

Je me suis aperçu avec le temps qu'une grande partie de ce qui pouvait être considéré comme du plaisir va dépendre de l'attention que l'on porte au moment que l'on vit.
Chaque moment de vie, *bien regardé*, est merveilleux. Il n'y a pas de moments *communs*, banals. Tout est dans l'attention.

Avec l'un de mes frères, nous avions un esprit critique relativement développé pour ne pas dire davantage – caustique. Nous portions sur le monde un jugement sévère mais drôle. Donc, en somme, tout ce qui passait au crible de ce jugement se faisait amplement massacrer. Bref, notre mère, avec beaucoup de sagesse, nous répétait : « Mais laissez-les s'ils sont heureux comme ça. » J'ai donc appris assez tôt le respect du plaisir de l'autre – lequel se heurte parfois au jugement dit « social ».
Le plaisir de l'autre fait partie du merveilleux de l'autre. Ce que j'aime à Marseille (ou en Italie), quand j'arrive dans les calanques, c'est voir les couples avec un petit bateau pour le gamin, un parasol... Ils sont en train de passer un bon moment. J'adore l'idée du bon moment que ces gens me présentent. Les bonheurs simples et assumés sont des choses merveilleuses. Non seulement, c'est respectable mais mieux, enthousiasmant. Ce n'est jamais ridicule selon moi. Le plaisir de l'autre est merveilleux.
Tout ce qui rend l'autre heureux a de la vraie valeur.

Pôle Sud (Grand Sud)

Là, c'est vraiment étonnant. On débarque et, devant nous, cinq cent mille pingouins ! À proximité, des éléphants de mer – à quinze mètres.
Tout se passe ici comme si l'homme était transparent. Les pingouins vivent leur vie comme si nous n'existions pas. Ils empruntent leur route pour rejoindre leur nid, le tout étant de ne pas leur barrer le chemin sans quoi ils restent

interdits devant ces intrus. Sinon, ils passent sans s'arrêter, sans même nous regarder. Et, une fois passés, ne se retournent même pas. Rien à faire de nous. Ils ne sont pas curieux.

Ici, c'est le monde moins les hommes.

Le pôle Sud a été vraiment découvert et fouillé par l'explorateur Ernest Shackleton (1874-1922), en 1914. C'est récent.

Quand, en 1973, je suis passé là avec Tabarly, nous n'avions aucune donnée météorologique. Depuis Shackleton, personne ne s'est intéressé au Grand Sud.

Lorsque je suis allé dans le secteur en solo il y a trente ans, j'étais descendu très au sud, j'étais le premier à m'aventurer là en solitaire. J'étais quelque part le premier homme.

Ici, la sensation d'extraordinaire étrangeté domine.

Dans n'importe quel bled du monde, il y a toujours quelqu'un pour renseigner sur l'histoire du lieu. Dans le Grand Sud, personne ne peut rien dire parce qu'il n'y a pas d'histoire, pas d'humains, que des animaux.

Cette faune est énorme. Les baleines, les éléphants de mer, les léopards de mer, les pingouins vivent dans une odeur de sang, d'excréments, de foutre – et j'en passe. C'est stupéfiant. Ça grouille de vie. En fait, c'est le monde tel que les premiers hommes l'ont vu. Unique. Le lieu nous emmène dans le monde d'où l'on vient et ça réveille chez nous, dans notre ADN, une mémoire enfouie. Alors, c'est bouleversant.

J'aime ce monde qui vit sans nous.

Ici, j'ai rendez-vous avec mon histoire. D'où l'émotion.

Du pôle Nord nous savons tout car chacun peut y aller à vélo. Le Grand Sud, c'est une autre expédition : depuis le cap Horn, il faut descendre trois mille kilomètres, et il y a là des réserves de violences insoupçonnées.
C'est le même monde qu'au Moyen Âge… Le même depuis des milliers d'années. C'est immémorial. Le rapport au temps ici est sidérant.
C'est un monde dont on ne sait rien ou pas grand-chose.
Il n'y a pas d'exploitations. Il y a très peu de pêcheurs dans cette mer hostile.
C'est merveilleux de se retrouver dans un spectacle qui a *x* millions d'années.
Dans cette contrée, l'homme ne sert à rien.
Tout vit, se reproduit, piaille, chasse… Il y a des pétrels géants qui, depuis le ciel, fondent sur les bébés pingouins et les emportent. Tout le monde bouffe tout le monde.
Ce spectacle est intemporel – voilà qui est envoûtant. C'est pas le pays de la montre !

Polynésie

C'est la température qui m'a poussé à vivre là. Ce pays-là, pour un Européen comme moi élevé en Bretagne, c'est celui de l'été éternel, perpétuel. Il faut imaginer ce monde où il n'y a que de l'été.
C'est tous les jours la lumière des grandes vacances.

Positif

Je déteste ce mot par ailleurs totalement galvaudé depuis dix ans. Il renvoie à de la philosophie à la petite semaine. *Carrefour positive.*
« Positif » aujourd'hui ne veut plus rien dire.

Posséder

Moi qui ai très peu de liens avec les objets, les lieux (je n'ai pas de photos), qui n'ai jamais possédé pour posséder, j'ai en tête depuis toujours cette phrase de Marc dans la Bible « À quoi bon conquérir le monde si on vient à perdre son âme » : j'ai toujours pensé que la possession pouvait engendrer la perte de l'âme. Or, depuis l'âge de dix ans, j'ai su que jamais il ne fallait perdre son âme. Tout ceci a engendré chez moi des attitudes de détachement fort qu'on a pu attribuer à une soif de liberté – mais ce n'est aucunement le cas.

Postérité

De mon vivant, je me fous à peu près de tout, alors une fois mort... Il faut être un malade pour imaginer laisser quelque chose.
La vie est une latrine à fosse simple dans laquelle on ne peut pas imaginer laisser une virgule de plus.
Ce qui a du sens, c'est l'action de mon vivant. Ce qui ne veut pas dire que je ne puisse pas avoir de la joie à me pencher

sur la vie d'individus intéressants : quand je passe devant la tour Eiffel, je me dis que cet architecte était remarquable. Et ça me réjouit.

Pouvoir

Le seul vrai pouvoir, c'est de faire ce qu'on a envie de faire. Aujourd'hui, dans notre corps social, nous avons surtout affaire à de *l'hypopouvoir*.
Je me moque du pouvoir, ce n'est pas pour moi et ça rend idiot.
Il m'a été donné d'approcher des gens de pouvoir et ils m'ont laissé une impression inégale. Souvent, ces individus étaient poursuivis par un aspect romantique flou et dans le même temps sûrement réel d'une mission. Ce sont des gens qui avaient passé leur vie à essayer de faire coller leur désir à ce qu'ils croyaient être un destin. C'est une alchimie complexe.
Les chefs de l'État que j'ai pu rencontrer ne m'ont pas semblé antipathiques, au contraire : certains croyaient en la nécessité de leur présence.

Pratique

Je déteste ce mot. Ce qui est pratique en général est moche. C'est le fil que l'on tend au-dessus de la baignoire pour accueillir le linge.

Le pratique, c'est toute l'ambition des gens qui n'ont pas de pensée.

Pression

Il est difficile de faire pression sur moi – je me suis toujours organisé pour ne pas prêter le flanc.
Je suis à l'abri de ça – mais je suis absent de plein de choses.
Petit, j'avais une formule qui rendait ma mère folle : « Ça ne m'intéresse pas. » Beaucoup de choses, selon moi, s'arrêtent là : ça ne m'intéresse pas ! J'ai l'art de faire des choix.
J'ai eu la sagesse – peut-être même une forme de paresse, à moins que cela ne ressortisse au talent (dit-il en se lissant la moustache d'un air satisfait) –, je ne me suis pas attaqué à ce que je ne pouvais pas résoudre. Point ! Autrement dit, je ne me suis pas posé de questions sur la vie, l'amour, la coiffure... Je me suis appliqué à résoudre ce qui était dans mes moyens. Et j'ai choisi ma vie en fonction de ces résolutions. C'est assez net.
Par conséquent, j'ai assez peu souffert des paramètres choisis par mes contemporains capables de tuer leur mère pour une voiture neuve. Mes choix sont éthiques.

Psychologie

La psychologie de l'autre m'est difficilement accessible.
J'ai toujours été très surpris par une chose : l'ensemble de nos contemporains veut être compris et aimé. Or, j'ai très

vite compris qu'il ne fallait pas chercher à être compris ni à être aimé. Les deux ne sont pas intéressants. Et vains.
Chercher à être aimé est un truc de faible et chercher à être compris un truc d'idiot.
Quand on a *percuté* cette information, on vit assez bien. Et de façon agréable.
Être aimé, c'est un accident, ça ne peut pas être une ambition.

Psychothérapie

À bord, il n'y a pas de place (et pas le temps) pour la psychothérapie de groupe.

Q

Qualités / Défauts (Mes)

Il m'est aussi désagréable de parler de mes qualités que de mes défauts. Donc je considère cette conversation privée et intime comme close !

R

Rancune

Ce n'est que du temps perdu. Comment occuper son cerveau à haïr quelque chose dans le passé ? Je n'ai pas le temps.
Quand j'étais plus jeune, j'avais des rancunes, ça m'est passé. Et puis les salauds sont toujours punis à un moment ou un autre. On ne rend pas la justice, elle se rend toute seule.
Ce n'est pas à soi de se venger, la vie s'en charge.

Rappeur

Le rappeur est à la musique ce que le râpé est au fromage : un accident mécanique.

Refaire (sa vie)

On ne refait jamais sa vie, on la change.

Réjouissance

Notre société ferait beaucoup mieux de nous rappeler que chaque jour nous devrions nous *esbaudir* d'avoir mangé, d'avoir rêvé, d'être droit sur nos jambes, de pouvoir contempler le soleil plutôt que de nous tourmenter avec des choses que nous ne pouvons pas gérer et sur lesquelles il ne nous est pas possible d'intervenir.
On ne se réjouit plus. Plutôt, nous finissons par ne plus nous réjouir. Avant, les gens se réjouissaient, c'était, par exemple, le temps de la moisson, il y avait des fêtes.
J'ai l'impression que nous sommes en train de partir pour l'empire des *nazes* !
J'ai la sensation d'être content d'être vivant. Alors je me réjouis. Gratuitement. Je passe alors des moments délicieux.

Rencontre

Quand je suis chez moi, dans les bois en Bretagne, sur mon tracteur, parfois, je coupe le moteur, je pose la benne, je ne bouge plus, et au bout de deux trois minutes, un petit oiseau sort du buisson et vient se poser sur la benne. C'est toujours une rencontre. Ce jour-là, à cette heure-là, comme j'ai coupé le moteur, j'ai permis que le monde *de quand j'étais pas là* recommence à exister. Il est merveilleux qu'un animal qui n'avait pas rendez-vous avec moi se pointe !

Rendez-vous

Comme je connais le monde entier, je peux avoir des rendez-vous. Avec, par exemple, que sais-je ? les lumières de l'Iroise, la mer du sud du Horn, un matin tiède de Méditerranée sur la côte amalfitaine...
Je peux me faire des rendez-vous avec les aubes du printemps.

Responsabilité

Je ne sais pas si nous sommes biologiquement responsables de quelque chose car elle n'est pas biologique la responsabilité. On peut accepter de l'être ou décider de le devenir. Ce qui n'est pas pareil.
Mais quel est l'arbitraire qui va nous faire passer d'irresponsable à responsable ?
On peut penser que si on tire une balle dans la tête d'un mec, on est responsable du tir.
On peut décider de se responsabiliser. C'est un choix. Et on peut être responsable de façon ignoble comme les gens du sang contaminé : « Responsable mais pas coupable ». Quelle horreur. J'ai pu remarquer là l'institutionnalisation de la lâcheté chez les politiques. Quand on prend des responsabilités, on est coupable de ce que ces dernières engendrent. Quand on est ministre de la Santé au moment de l'épisode du sang contaminé, on est responsable et, par conséquent, coupable. Il n'y a pas de dichotomie.

Ce qui est terrible, dans le fond, c'est le duel entre notre faculté à comprendre et notre faculté à juger, l'un allant presque toujours aux dépens de l'autre. Il est très difficile de construire des systèmes qui vont dépendre de choses aussi différentes que la responsabilité, le jugement et la culpabilité.

Une forme de bienséance psychologique consiste à prononcer ce joker moral qu'est l'aveu d'impuissance : que puis-je comprendre au fond du fond, de façon cohérente, de la nature humaine ? En ai-je les moyens ? Joker. Ce joker est digne car c'est le joker de ce que nous sommes, le joker, précisément, de notre impuissance. Si on essaie de fouiller son âme, c'est à ce constat que l'on parvient avec honnêteté.

Nous sommes face à un point d'interrogation. Et face à ce point, sur l'échelle de la responsabilité, la position du curseur est variable.

Cette absence de « moyens » qui caractérise l'homme, elle est flagrante dans la vie sociale.

De ce qui est donné à l'homme lorsque celui-ci naît, on fait des qualités, des défauts – il faut toujours trancher –, on oublie son impuissance, son incapacité – l'incapacité à aimer ceux qu'on aime...

Nous ne vivons que devant des barrières d'incapacité. N'importe quel poisson nage alors que nous devons nous déguiser en Cousteau !

L'imperfection de notre capacité à penser devrait nous rendre radicalement modestes. Or, ce n'est pas le cas, loin s'en faut.

On a les pensées qu'on peut. Et cela nous rend touchants. Réussir parfois à penser aussi bien en sachant ce que nous sommes, c'est faire preuve d'un réel désir d'efforts. C'est touchant, navrant et vain.
On ne met en exergue que les capacités des meilleurs d'entre nous. Pas notre incapacité fondamentale.
Dans le jugement, il paraîtrait sensé de toujours inclure l'impuissance de l'autre.
Tout est terrible au vrai : on peut partir de cet axiome qu'il n'y a pas de mauvaise volonté chez l'homme, seulement des limites biologiques, physiologiques. Impuissance à lutter contre l'imperfection. D'où cette notion qui surgit vite et qui est celle de la culpabilité. Il y a, en somme, des individus qui avaient peu de chance de faire autre chose que de devenir les criminels qu'ils furent. C'est terrible et impressionnant.
Quand les hommes jugent les hommes, ils jugent ce que croit et ce qu'ils croient être l'homme. C'est la nécessité de la paix. Les imperfections de nos histoires sont lourdes. On nous balance dans la compétition mais nous n'avons pas tous les outils...

Rétroviseur

Comme toute la compagnie des crétins béats – compagnie à laquelle je ne refuse pas d'appartenir –, quand je regarde dans le rétro, je me dis que je suis tombé sur le métier qui était fait pour moi.

Révolution

Il n'y a que les imbéciles qui s'excitent à faire des révolutions. Du vide. D'ailleurs, tous ceux qui font des révolutions n'en profitent jamais. Ils se font tuer par leurs successeurs. Il faudrait faire l'après-révolution, quand on commence à distribuer les gâteaux !

Les types qui veulent changer le monde signent le fait qu'ils ne peuvent pas se changer eux-mêmes.

Le révolutionnaire est un idiot, il prouve qu'il ne sait pas s'adapter. Or, le propre de notre espèce est précisément de s'adapter et de faire évoluer, ce n'est pas de renverser la table. Les alligators, qui ont un cerveau reptilien (comme le nôtre au demeurant), on ne les voit jamais manifester sur les bords de la mare, ils prennent ce qui passe.

Les gens disent toujours : « Ah, mais nous ne sommes plus au Moyen Âge ! » Dommage, par certains côtés, au Moyen Âge (même si c'est discutable), il y avait une pensée religieuse, chevaleresque… Toutes les cathédrales viennent de ces siècles-là. Aujourd'hui, que fabrique-t-on ? On est en train de cerner l'homme par des systèmes qui, chaque fois, lui ôtent une part de liberté, lui suppriment une part de sa liberté. La dernière trouvaille étant la voiture sans pilote qui n'est pas sans risque. C'est la preuve qu'il n'y a pas de perfection. Et ce n'est pas la peine de chercher à supprimer toutes les imperfections de l'homme pour se livrer à l'énorme cruauté de l'imperfection de la machine dont la sanction sera tôt ou tard d'une brutalité effrayante.

L'intelligence artificielle peut être magnifique mais, pour la faire changer de direction, quel est le système d'émotion artificiel qui va devoir être créé et mis en place ? Or, nous, les hommes, nous avons l'émotion. Elle agit sur notre nature et nous procure des bonheurs. Je marche dans une rue de Paris, il ne fait pas très beau, c'est encore l'hiver, je passe dans un quartier où il y a des jardins et j'entends le chant d'un oiseau, voilà un moment de bonheur intense pour moi. Est-ce que l'intelligence artificielle va me permettre de considérer ce chant d'oiseau comme un bonheur. Sûrement pas.

Quand toutes les voitures seront sans chauffeur, pilotées à distance, si un bug se produit, automatiquement, on va éliminer les moins utiles à la société. Je m'explique : si, dans la voiture qui est en face de moi, il y a un père de quatre enfants et que nous devons entrer en collision, hop, c'est moi qui saute parce que je suis un homme de soixante-quatorze ans en fin de vie. Je n'ai aucune envie de sauter sur une décision de l'intelligence artificielle.

Tous les jours, la liberté se réduit, tous les jours, je vais être analysé, etc. À un moment donné, l'intelligence artificielle fera qu'on me supprimera moi. Or, l'idée que j'ai du monde, mon intelligence à moi, c'est exactement l'inverse, c'est qu'on doit tout supprimer sauf moi ! Tarata tsoum !

Rire

J'aime bien faire rire, créer à l'autre un bon moment. Je ne fais pas rire à n'importe quel prix. Lorsque j'aime bien les gens, j'adore les faire rire.

Déclencher le rire, c'est regarder le monde avec un autre œil que celui de votre congénère (et lui transmettre ce regard, lui en faire cadeau).
Le rire, selon moi, c'est en somme une sorte de courtoisie. Je décide que les moments que je passe avec les autres vont être placés sous le signe de la légèreté. C'est une jolie chose à apporter que le rire quand on peut le faire. Il n'y a surtout aucune raison de s'en priver.
Le rire est très important. Pourquoi j'aime l'Afrique ? Parce que c'est le continent au monde où l'on entend le plus rire. Ceux qui ne rient pas sont incapables de se rendre compte du ridicule comme du dérisoire de leur propre condition.
Le rire est un coup de vent qui, parfois, secoue les Terriens.

Risque (physique)

Il y a du plaisir dans le risque physique. Le plaisir étant de faire ce qui n'a jamais été fait, c'est mettre son doigt dans le trou du cul du diable et espérer qu'il ne se retourne pas. Voilà le risque. Ça occupe l'esprit et c'est digne. L'homme n'a fait de progrès que lorsqu'il a pris des risques. C'est un exercice d'intelligence pure, le risque. Ça consiste à « y aller » ou à pas « y aller », c'est une décision. Or, parmi tout ce dont nous disposons dans notre cerveau, la machine à décider est la plus surprenante. L'intelligence, c'est décider, ce n'est pas analyser, il y a des milliers de bons analystes. La décision, c'est l'exercice supérieur du mental. Et le risque, c'est de décider.
Et puis, si on aime la vie, il faut toujours mettre un peu en danger ce que l'on chérit !

S

Sac à dos

Depuis l'époque où j'étais jeune, j'ai le sentiment que mes coreligionnaires se sont compliqué la vie. Or, il n'y a que la simplification qui rende les choses « jouables ». Ils veulent tout, aujourd'hui. Moi, je ne voulais pas tout jadis, j'étais content d'avoir un peu – ce n'est pas pareil.
Les gens se sont fabriqué des désirs. Il suffit de les observer dans la rue, ils ont tous leur sac à dos. Il leur faut donc leur sac avec leur rouge à lèvres, leurs posters, leur ordinateur... Que sais-je ? S'ils n'ont pas leur téléphone portable, ils sont malades. Ils ne se sont rien simplifié, ils se sont fabriqué des vies encombrées d'objets, de désirs et de besoins. Ils sont obligés de décréter des journées sans portable comme des plongeurs décident de faire de l'apnée. Ils sont ridicules.
Il leur faut du confort et encore du confort... Nous voilà dans un monde d'idiots. Aucun ascétisme. Et puis chacun a des idées sur tout sans jamais avoir rien pensé.
On sait bien pourtant que c'est l'élégance et la simplicité qui priment sur tout.

Quand je partais en mer, dans les années soixante, nous n'avions pas d'informations pendant six mois. Aujourd'hui, si la télé n'est pas allumée en permanence, nos compatriotes sont perdus.
Le monde dans lequel je vis est ridicule tout le temps. Les individus se promènent tous à Paris (et dans les grandes villes), j'insiste, avec leur sac à dos. Ils ne le portent pas parce qu'ils arrivent de province avec le casse-croûte, comme on aurait pu le faire dans les années cinquante, non, ils traînent leur sac pour y fourrer leur portable, leur ordinateur... Ils transportent tous quelque chose...
Les gens ne vivent plus dépouillés. Or la vie dépouillée est plus belle que la vie *pouillée*.
Les gens avec leurs petites affaires m'énervent. La mobilité, la souplesse, l'absence... voilà qui m'intéresse.
Il faut apprendre à « se passer de »...
Les gens veulent être reliés, reliés aux autres, reliés à l'actu, reliés à je ne sais quoi. Mais pourquoi diable ? Dans quel but ?
À Tahiti, quand je prends le bac pour aller à Moorea, ils ont tous le sac à dos. Ça vient vite les mauvaises modes.
Que « trimbale » l'humanité aujourd'hui qu'elle ne trimbalait pas hier ? D'abord l'horrible casquette américaine. Où que l'on aille dans le monde, chacun l'arbore désormais. Certains la portent à l'envers pour faire « branchés ». C'est insupportable. D'ordinaire, on se découvre dès lors que l'on entre dans une maison mais ce principe n'est plus respecté. Avant, on reconnaissait l'origine de l'individu à son chapeau. À moitié melon, il venait du Pérou, etc. Maintenant, tout le monde a le même. On va retrouver la même

casquette américaine sur la tête d'un type sur son tracteur à Quimper et dans le fin fond des Tuamotu. Cette uniformisation est, selon moi, horrible.
En Bretagne, jadis, les femmes changeaient de coiffes tous les dix kilomètres.
Casquette, sac à dos... tout le petit attirail technique... L'uniformisation...
Et puis, il est très « vulnérabilisant », ce sac à dos. Rien de plus aisé que d'attraper un individu par son sac à dos et de le projeter à terre !

Savoir

J'ai toujours pensé que l'on savait tout. Je m'explique. On sait tout de ce qui va nous arriver mais il arrive fréquemment que l'on refuse de voir. Tous les systèmes en nous fonctionnent parfaitement pour nous alerter mais l'écran de lecture fait défaut !
On sait, au fond, ce qu'on va faire, ce qu'on ne va pas faire, les gens que la vie va nous donner de rencontrer, les femmes que nous allons aimer... On a tout en soi, le radar de notre vie est intégré dans notre corps.
Si l'on veut bien être honnête, on sait tout ce qui va nous arriver avant que cela ne se produise. On est très au courant, même si souvent on ne veut pas se le dire car on prend peur. C'est perturbant.
Notre capacité de perception est colossale mais on ne lit pas ce « relevé de nos sensations ». Pourquoi ? Parce qu'on

n'en a pas le désir ou bien parce que ce n'est pas dans notre culture.
Dans *La Mémoire du fleuve* (Phébus, 1984), Christian Dedet raconte les visions des Africains. Je ne m'approche pas de cela mais ça existe. J'ai connu des gens qui avaient des visions. Je me souviens d'une Tahitienne que des gens du monde entier appelaient pour avoir des résultats afin d'engager des paris. Je crois à ces visions.
Nous ne sommes pas téléguidés mais nous sommes *télé-savants*. Je n'ai jamais vraiment voulu fouiller cette affaire. On sait tout ce qu'on a décidé de vouloir, en somme. J'en suis persuadé.
Un individu qui devient champion du monde dans telle ou telle catégorie et qui y parvient a beaucoup travaillé pour cela. Ce n'est pas le fruit du hasard. Mais il savait intimement que c'était faisable, envisageable. Ça lui semblait évident.
Il ne s'agit pas de prédestination mais de la volonté, du désir.
Quand on se trouve sur le podium aux Jeux olympiques, le parcours est terminé mais on l'a fabriqué.
En face de la pensée formulée selon laquelle « Je sais tout mais je ne cherche pas à savoir », je ne sens aucune gêne intellectuelle, ça me semble possible, je n'ai aucun moyen sûr de le vérifier mais devant cette proposition, je ne suis pas choqué. Elle me semble cohérente. C'est une idée que j'ai davantage vécue que pensée. Elle ne manque pas de subtilité mais elle ne manque pas de réel non plus.
J'ai souvent eu cette sensation. J'ai senti des choses qui se réalisaient. Mais c'est aussi *ringard* – et des milliers de nos

contemporains l'ont vécu –, que de rentrer dans un endroit ou un village pour la première fois et d'être persuadé de le connaître, de l'avoir déjà visité. C'est impressionnant.

Savoir-faire

C'est bien de tout savoir faire d'abord parce que ça rend respectueux des gens qui *font*.

Secret

Je ne sais pas ce que c'est que le secret. Mais c'est un peu comme le péché. Il procède le plus souvent par omission. Parfois, on peut savoir des choses sans savoir *où* le dire, à qui le dire.

Faut-il tout dire à l'autre, dans l'amitié, dans la relation amoureuse ? Je ne sais pas.

Il y a des choses que l'on doit à l'autre. Je pense qu'il n'est pas bien – au sens moral, j'assume – de faire croire à l'autre que l'on est quelqu'un d'autre que celui que nous sommes. Il n'est pas bien, je le répète, de laisser s'établir un schéma de mensonges qui pourrait faire croire à l'autre que je suis quelqu'un d'autre que celui que je suis en vérité. D'abord, c'est beaucoup plus agréable d'être aimé pour ce que l'on est que pour ce que l'on n'est pas. Et puis se pose la question du respect. Il faut laisser à l'autre, en toute liberté, le choix d'aimer ou de ne pas aimer. Pour cela, encore faut-il

qu'il ait tous les éléments en sa possession. Il ne s'agit pas de le duper. C'est ainsi que je vois les choses.
Mais je ne suis pas expert en psychologie animale !

Sensibilité

Je compte sur ma sensibilité pour me renseigner sur un certain nombre de situations qui peuvent être plus ou moins dangereuses.

Sexe

C'est très pratique pour uriner et ça peut aussi servir à des choses très agréables.
Il n'a pas la même importance au cours des âges de la vie. De dix à soixante-dix ans, ça bloque le cerveau et ensuite on peut commencer à réfléchir !
C'est bien le sexe ! Et puis on a tout sur soi, on peut s'en servir quand on veut – ça fait une certaine différence avec le pique-nique qui implique un panier, des couverts, du jambon…
Le sexe, jeune, dévore le cerveau. Et il met de bonne humeur. Comme le soleil.
Le seul danger, c'est que ça *bouffe* du temps et que ça n'aide pas à réfléchir !

Singularité

J'ai appris très tôt (et je remercie les gens qui m'ont donné cette éducation, même sans le vouloir), qu'on était quelque part unique, qu'il fallait accepter d'être unique, ne pas en ressentir du chagrin ni de la honte. Car le système social pousse immanquablement vers le chagrin et la honte si l'on est singulier, si l'on ne colle pas au moule. Il faut assumer cette responsabilité lourde de traverser cette vie armé de sa singularité. Laquelle est, au vrai, une force. J'ai fait en sorte de ne pas céder sur mon désir.
Dans les quarante ou cinquante dernières années, j'ai le sentiment que la singularité est quelque chose qui a disparu. Lorsque j'étais petit, à la campagne, le spectre d'individus que j'avais autour de moi, dans les années 1950-1955, était large. Les gens étaient eux-mêmes. Untel avait un chapeau, un autre autre chose, aujourd'hui les gens sont tous habillés pareil. Les singularités sont gommées. Autrefois, elles étaient assumées. Et le corps social l'admettait. Oh, untel est ainsi, il joue de la trompe de chasse tous les jours à minuit. On laissait au « c'est lui » de l'autre une grande latitude. On ne cherchait pas absolument à l'expliquer : « Tu sais bien qu'il est comme ça. » Le « comme ça » pouvait être assez surprenant. En vérité, on acceptait la possibilité de vivre d'une certaine façon qui n'était pas la générale.
Les structures que l'on a créées gomment cette singularité. Un exemple : J'ai un téléphone premier prix, le plus simple du monde. Je ne peux qu'appeler et recevoir des messages SMS. Il est de la taille de la moitié de ma main et ne se recharge que toutes les quarante-huit heures et encore.

Aujourd'hui, continuer de travailler avec cet outil fait immanquablement de moi quelqu'un de coupé du reste du monde. Je suis à la limite. Ça fait de moi un exclu. Si je ne change pas de téléphone, la technologie va m'exclure.
Quand j'ai besoin d'un billet d'avion, je ne pianote pas sur mon téléphone, j'appelle l'aéroport de Brest. Sauf que les personnes viennent de m'annoncer qu'elles vont bientôt disparaître. Ils ferment le comptoir. Il n'y aura plus de « Bonjour, comment ça va ? » Me voici condamné à l'ordinateur.
Mon fils vit téléphone, paie téléphone, voyage téléphone dans le monde entier sans jamais parler à personne. Moi, je ne fais que parler à des gens lorsque j'ai besoin de quelque chose.
Quelqu'un comme moi qui change souvent d'itinéraires, d'horaires est en difficulté avec la machine qui ne supporte pas la souplesse. On ne peut pas parler à une machine.
Je serai bientôt condamné à vivre comme tout le monde et, par conséquent, à toute vitesse.
Les gens, au restaurant, qui sont face à face en train de jouer avec leur téléphone sont très angoissants. Quelle horreur.

Solitude

J'adore. La solitude me permet de me concentrer et de me rendre compte à quel point vivre est magnifique. Dans le groupe, on n'a pas le temps pour ce type de constat. Le groupe fait du bruit, peut certes créer des moments heureux, mais n'aide pas à la réflexion.

J'ai davantage couru en solitude qu'en solitaire.
La solitude assumée, bénie, suppose d'entretenir un commerce heureux avec soi-même.
Le temps que je passe seul me permet d'être encore davantage moi-même.
Les autres peuvent être un plaisir, mais il ne faut pas abuser des plaisirs !
Le plaisir de l'autre suppose d'être suffisamment *débarbouillé* pour pouvoir profiter pleinement de l'esprit d'autrui, de son intelligence. L'excellence de l'autre, c'est formidable.
La solitude est encore et peut-être surtout un moyen que nous avons de nous réfugier dans les chagrins que peuvent causer les impuissances qui sont les nôtres. La solitude est un compagnonnage avec nos limites, compagnonnage de bon aloi. Ni souffrance, ni revendication.
J'ai compris la solitude très tôt, vers cinq ou six ans. J'ai saisi intellectuellement que j'étais seul. Personne ne m'aiderait jamais à penser. Je me souviens même de l'heure où j'ai pensé ça – et ça m'est tombé dessus comme une chape de plomb. Je me vois encore stupéfié par cette découverte. Une fois cette donnée acquise, j'ai fait avec mais c'est difficile. Quand on est petit, c'est dur à vivre.
La solitude est un exercice très sain pour l'âme. Et la chaleur humaine sent souvent la sueur !

Souffrance

Il ne sert à rien de se plaindre de ses souffrances. Il n'y a qu'à encaisser. La nature peut nous faire croire que nos souffrances sont exceptionnelles mais c'est un leurre. Elles sont d'un commun consommé.
Souffrir est d'une vulgarité totale ; la preuve, c'est à la portée de n'importe quel imbécile.
Les souffrances que nous affrontons ne doivent être tenues qu'au mépris.
Et la souffrance du poète en mal d'inspiration ? C'est le *chérissement* de la souffrance... Je suis incapable de la partager. En revanche, la souffrance réelle, laquelle peut être d'une brutalité infinie, ne doit être que méprisée.

Sport

J'ai fait du sport toute ma vie avec intensité parce que j'avais très peur de devenir un intellectuel.
J'aurai pu être un intellectuel pour échapper à ma destinée... médiocre. Donc j'aurais été comme beaucoup d'intellectuels médiocres... évidemment !
En clair, j'aurais pu mal tourner.

Structure

Je suis quelqu'un de structuré. La structure, c'est la base d'une âme. Le manque de structure chez autrui est très impressionnant. Ça me rend mal à l'aise.

Superstitieux

Je suis très superstitieux. Je ne passe jamais sous une échelle. Quand un chat noir croise ma route en voiture, je me dis que ce n'est pas bon.

Mais j'adore la superstition, elle est à la limite de l'enchantement.

Je me dis qu'il y a tellement de choses que l'on ne peut contrôler, si la superstition permet de ne pas aller au-devant d'avatars, alors il faut la respecter.

La superstition, en réalité, c'est biblique. C'est le signe. *Donne-moi un signe.* Dans la Bible, les personnages demandent toujours un signe. Les dieux font signe. Je crois aux signes.

Les gens disent : « On a eu un coup de vent subit. » C'est faux, il y a toujours un signe qui annonce ce phénomène. Rien n'est subit.

J'ai un grand respect pour la superstition. Je ne me permettrais pas d'ironiser sur ce sujet.

Face à la superstition, je ne fais pas partie de la catégorie des esprits dits forts – qui est une façon polie de désigner les cons.

Sympathique

Nous utilisons des mots dont nous avons perdu le sens. « Sympathique » est un bon exemple. Étymologiquement, en grec, il signifie « souffrir avec ».
La langue a beaucoup dévié. L'utilisation triviale de la langue par des gens qui en ignorent les origines a totalement fait glisser le sens des mots que nous utilisons.

T

Talent

Il est impossible de formuler le mot « talent » sans formuler, dans le même temps, les mots « exceptionnel » et « unique ».

Il rend singulier, le talent, c'est son atout. Il donne à celui qui en dispose une lumière spéciale. Et à celui qui le perçoit une belle émotion – encore s'agit-il d'y être sensible.

Le talent, c'est de l'homme exceptionnel ! Quel que soit le domaine...

C'est la poussière d'étoile.

L'homme n'a pas grand intérêt et il est difficilement supportable dans le fond du fond. Mais à travers l'expression de ses talents, il est admirable et bouleversant.

Temps

Quand j'étais en classe, l'instituteur me faisait penser au temps. La cloche sonne et cette seconde ne reviendra jamais. Dans l'enfance, le « toujours » et le « jamais » ont des puissances, des importances incroyables. Effroyables.

Ce sont des frontières que l'on commence à comprendre, à saisir. On sent que dans le « toujours », il y a quelque chose d'immense, et dans le « jamais » aussi. De sorte que le « toujours » et le « jamais » se confondent, sont la même chose. Je me souviens parfaitement de cette seconde qui ne reviendra pas et du vertige – comme de la violence – que ce sentiment procure.
Ensuite, dans ma vie, mon temps en course, en record était chronométré – chaque seconde avait une vraie valeur.
Et puis il y a le temps émotionnel, celui qui existe parce qu'on dispose du souvenir. Et qui existe parce qu'on a le projet. Et encore parce qu'on a l'instant – c'est très polynésien.
Le temps dans le souvenir est délicat car il nous ramène à des choses auxquelles nous n'avons parfois plus accès. Sauf la mer, tiens. On peut retourner voir la mer, elle ne change pas ; elle va avoir les visages qu'on aura connus d'elle il y a soixante ou mille ans. C'est comme si, en se promenant, on revoyait sa mère jeune.
Au temps présent, on s'en met plein les yeux, on profite. Le temps futur suppose un brin d'organisation, même s'il est obscur – le futur, c'est la brume, on tend le bras sans toucher le mur ou alors, si on le touche, c'est que le temps est compté. Le futur, cependant, admet le projet. Le futur, c'est du présent que l'on va consommer. Le futur, c'est comme la portée visuelle : il y a un futur dans la mesure où l'on marche et que le décor change.
Quand j'entends les cloches d'une église, c'est comme si on me disait : « Oh, écoute, cette seconde, tu ne la revivras

plus jamais. » Ça me ramène soit à la peur de ce que j'ai perdu, soit à l'immense joie de vivre.
Aujourd'hui, lorsque j'entends les cloches, ce n'est plus pour moi du temps qui s'en va mais du temps qui *est*, qui reste, qui demeure. L'instant.
Il y a une formule d'un vieux pêcheur brestois, et qui m'enchante toujours autant. Je lui avais dit : « Quel mauvais temps aujourd'hui ! » Il m'avait alors répondu : « Olivier, mieux vaut ce temps-là que pas de temps du tout. »
Tout est bien quand on a la chance d'être vivant.

Tentation

Ce qui est normal, c'est de sombrer dans la tentation ; ce qui est magnifique, c'est d'y résister.
J'ai été magnifique souvent...

Tomber

L'aéronef est l'ancêtre de l'avion – qui lui a appris à tomber.

Transmission

Les propositions intellectuelles du corps social, aujourd'hui, me privent de toute transmission de mes idées à mon fils. Or, une société où l'on ne peut plus transmettre à ses enfants est une société qui se noie.

Je ne peux pas transmettre car il y a eu brouillage.
Il y a actuellement une génération de « maquilleurs » incroyables.
Qu'est-ce que cette proposition du monde où les deux tiers des gens à peu près intéressants ne vont jamais dire véritablement ce qu'ils pensent ?
Le délit de pensée est costaud.
Lorsque mon père me transmettait quelque chose, il pouvait espérer qu'il était en train de semer sur un terrain qui, certes, était relativement vierge mais où régnait une espérance de pousse. Que puis-je semer, moi, sur un esprit jeune où règne une espérance de pousse ? « Mon chéri, tu vas vivre la parité » ?
Peut-être que cette transmission s'effectuait naturellement jadis car l'organisation de la société dans laquelle nous vivions ou du milieu dans lequel nous vivions était suffisamment subtile pour qu'il n'y ait rien besoin de lui réclamer.
Quand je demandais quelque chose à ma mère, elle me répondait qu'elle devait en parler à mon père. Au final, elle respectait le système. Il n'y avait pas parité mais chacun dans un rôle réel et puissant.
Je ne parviens plus à retrouver quelque chose d'équilibrant et de sain dans les propositions que me fait notre société dite moderne.
À la vérité, les seules vraies transmissions que j'ai connues viennent de ce que j'appelle l'observation convaincante et immédiate. Je voyais un comportement, une attitude et je sentais que tout alors était bon, qu'il n'y avait rien à jeter, qu'il s'agissait de s'en tenir là et de s'en inspirer – c'était

vrai pour mes parents et donc pour tous ceux dont j'ai pu hériter, même si je n'aime pas beaucoup ce mot.
Je n'ai jamais hérité de schémas didactiques.
Il me reste seulement en mémoire une formule (en anglais), de mon père : « *Honesty is the best policy* », l'honnêteté est la meilleure pratique.
C'est la seule chose, me semble-t-il, que mon père ait formulé. Pour le reste, il se contentait d'être exemplaire au sens étymologique du terme – ces générations avaient ce souci d'exemplarité. D'ailleurs, j'ai encore en mémoire le reproche central qu'on pouvait me faire lorsque je m'étais mal conduit : « Quel exemple donnez-vous ? »
Dans le cas de mon père, la transmission donc s'opérait si j'adhérais à l'exemple. Mais il n'y avait pas, à proprement parler, de formulations.
En termes d'héritage, c'est l'exemple qui compte.

Tripe

Abat est un groupe de musique qui vous prend aux tripes.

V

Vague

Les vagues ont des formes.
La mer a des stries, des formes, des lumières, elle est pareille à n'importe quel décor. Les variations de couleur sont aussi importantes qu'à terre.
La mer laisse des souvenirs de décor aussi puissants que bien des paysages. En mer, il y a un milliard de décors. En fonction des vents, elle change de plis.
Quand on traverse de Tahiti à Moorea, on retrouve au moins quatre formes de mer, quatre clapots différents pour une distance seulement de vingt kilomètres.

Vaux-le-Vicomte

J'avais écrit un jour quelques lignes sur le château de Vaux-le-Vicomte que j'adore. Le propriétaire, lisant ce texte, m'adresse une invitation et le livre que son père a consacré à la propriété. Ce dernier avait une goélette et se passionnait pour le bateau. Ce qui m'intéresse, c'est qu'il voyait, assimilait, les jardins de Vaux à la mer. En les voyant, il se croyait un peu en mer. Et, en effet, à Vaux, le temps passe autour, pas dessus. Comme la mer. Le château ne traverse pas les siècles, ce sont les siècles qui passent à côté. Le château navigue dans le temps comme un bateau sur la mer.

Veil, Simone

N'est pas Simone Veil qui veut.

Vertu

Goût parfois modéré mais parfois fort d'appliquer sa nature à faire en sorte qu'on ne soit pas un pollueur supplémentaire dans le monde qui nous entoure et, qu'au contraire, on sache y apporter un peu de *liant*, d'humanité – encore que je sois méfiant avec ce mot. En somme, lorsqu'on ne sait pas quoi donner, on peut déjà offrir une immense discrétion au monde qui nous entoure.
Quand, sur la route, je suis une voiture fort lente qui hésite, je prends patience car, au fond, je ne sais pas ce que le type devant moi trimbale, je ne sais pas de quoi il souffre, peut-être qu'il est très vieux ou qu'il a un chagrin fou, qu'il est perdu. Je ne me permets pas de klaxonner. J'ai tardivement découvert cela mais je le perçois aujourd'hui comme une nécessité. Ne jamais, par mon attitude, secouer, bousculer, ajouter un poids à l'autre dans la mesure où je ne sais

pas ce qu'il porte. J'ai le désir d'être neutre. C'est une chose importante pour moi.
On n'est pas obligé d'être parfait et l'objectif de la sainteté est très peu partagé parce qu'il y a très peu d'entre nous que ça intéresse – et qui en sont capables –, mais on peut essayer d'être un peu moins *moches*.
Prendre soin de l'autre demande un type de vertu auquel je suis étranger, et je me connais bien. Je tente de demeurer neutre.

Vie

Une vie, ce n'est pas qu'un temps imparti pour faire des bêtises, c'est un temps où chaque jour qui passe – pour peu que l'on sache ouvrir les yeux et que l'on accepte de réfléchir – va nous *éduquer* si je puis dire. On passe d'un tube digestif de lait Guigoz à un personnage que la vie aura affiné et raffiné.
Dans une vie d'homme, on passe d'un moment (la jeunesse) où l'on n'a pas envie d'apprendre à un autre (l'âge de maturité) où l'on se rend compte, où l'on sait que l'on n'a jamais assez appris.
Toute vie est une série de catastrophes évitées.
La vie est une énorme farce dans laquelle nous jouons malgré nous le rôle du *farcé* plutôt que celui du farceur !

Vieillir

C'est la prise de conscience de l'extraordinaire évolution des stades à travers lesquels une personnalité passe.
À trente ans, on se rend compte que les tourments adolescents ne sont pas grand-chose !
La durée de vie permet, même à une âme moyenne, de construire une relativité assez forte sur ses émotions et ses joies.
Vieillir, c'est d'abord prendre conscience que ça va s'arrêter.
Longtemps nous voyons la vie comme une parallèle et bientôt surgit l'entonnoir. Et l'on voit nettement l'entonnoir non pas car notre vue s'améliore, mais parce que nous sommes de plus en plus près.
Dans la navigation, c'est le marin qui progresse, dans le vieillissement, c'est le temps qui passe sur nous. Sur soi, on sent comme une sorte de douche qui ne s'arrêterait jamais.
Les minutes, c'est de la flotte qui passe sur nous et nous voilà au milieu du courant en essayant de nager.
Vieillir, c'est perdre du temps.
Et c'est assister à son passage.
Vieillir, c'est perdre de la force physique, c'est donc devenir un autre homme, un homme moins fort. Voilà le signal !
Quelque chose m'abandonne lorsque je vieillis... La question est de savoir comme je le digère ou non – et là, tout dépend des natures.
Il demeure que j'ai cette notion dense d'abandon. Après cette belle vie active, nous vous offrons cette jolie promenade de vieillard... On n'est pas obligé de la faire, la

promenade... mais on peut aussi la trouver sympa, intéressante... elle peut nous offrir le monde sous un jour différent.

Ce qui m'importait ne m'importe plus. Qu'est-ce qui va donc m'importer à partir de maintenant? Qu'est-ce qui va compter pour moi? Des minutes, des heures, le rappel d'un chant d'oiseau, une odeur?

Le monde, *ce* monde me quitte – je peux bien dire que je le quitte mais c'est plutôt l'inverse –, lorsque j'ouvre mon carnet d'adresses, c'est un grand désert. Je marche dans un désert. Je suis renvoyé à une solitude que, par ailleurs, j'ai toujours assez bien vécue. Ce n'est donc pas une souffrance, mais des plaisirs qui disparaissent. Désert dans mes contacts... donc défaut de plaisirs dans la mesure où je n'avais pas de relations par besoin mais par plaisir.

Voir les monstres de la vieillesse s'approcher de moi, outre l'abandon du pouvoir, des forces, etc., c'est voir arriver de façon plus lisible les spectres des maladies possibles, l'Alzheimer, l'AVC, le cancer. Ce sont les trois propositions de bien-être que me font les années à venir... Je sais bien que je suis à quatre-vingts moins six.

Je me retrouve en chemin vers mon propre néant. Autrement formulé, chaque jour, mon propre néant frappe à la porte de ma biologie.

C'est en voyant partir les vies autour de soi que l'on comprend que la sienne part aussi.

La vieillesse est l'ennemi du rêve, le début du coma.

Comme je sais que ça se termine pour moi, je me dis qu'il ne faut surtout pas gâcher une minute de cette journée.

Une minute de l'aube. Je vais ramasser toutes les miettes de ce que sont les bonheurs.

Voyage

Le voyage, c'est du temps qui se tord, qui a perdu sa structure.

Voyeur

Je suis un acteur, pas un voyeur, je ne regarde, à la télévision, ni le sport, ni le porno.
Or, nous vivons dans une société de voyeurs. Mes contemporains, souvent, se privent de l'action. Ils mettent le maillot de leur équipe de foot favorite et s'assoient devant leur télévision pour regarder le match en se bâfrant de pizza.

Voyou

J'aurais pu en être un – avec cette réserve de vanité : j'ai découvert que les voyous étaient des abrutis, des *petits mecs* comme tous les tricheurs, alors je me suis vite refusé à leur ressembler.

Vulgarité

J'ai toujours trouvé très vulgaire le goût de se plaindre.
Il y a deux cas où l'on peut se plaindre : la maladie et la mort. Enfin, *sa* maladie et la mort de ceux que l'on aime. L'intérêt, si l'on se plaint de sa mort c'est que c'est de courte durée.

MIXTE
Papier issu de
sources responsables
FSC® C003309

Les papiers utilisés dans cet ouvrage
sont issus de forêts responsablement gérées.

Imprimé en France par CPI
en octobre 2019
N° d'impression : 3034998
M04934/01